Kauderwelsch
Band 59

Impressum

Annette Kühnel
Patois für Jamaika – Wort für Wort
erschienen im Reise Know-How Verlag Peter Rump GmbH
Osnabrücker Str. 79, D-33649 Bielefeld
info@reise-know-how.de

5. neu bearbeitete Auflage 2010

Bearbeitung Peter Rump
Layout Christine Schönfeld
Layout-Konzept Günter Pawlak, FaktorZwo! Bielefeld
Umschlag Peter Rump (Titelfoto: Jamaica Tourist Board)
Kartographie Thomas Buri
Fotos Birger Meierjohann, Jamaica Tourist Board, Fotolia.com (Nachweis am Bild)
Druck und Bindung Fuldaer Verlagsanstalt GmbH & Co. KG, Fulda

ISBN 978-3-89416-249-4
Printed in Germany

Dieses Buch ist erhältlich in jeder Buchhandlung der BRD, Österreichs, der Schweiz und der Beneluxländer. Bitte informieren Sie Ihren Buchhändler über folgende Bezugsadressen:
BRD Prolit GmbH, Postfach 9, 35461 Fernwald (Annerod) sowie alle Barsortimente
Schweiz AVA-buch 2000, Postfach 27, CH-8910 Affoltern
Österreich Mohr Morawa Buchvertrieb GmbH, Sulzengasse 2, A-1230 Wien
Belgien & Niederlande Willems Adventure, www.willemsadventure.nl
direkt Wer im Buchhandel kein Glück hat, bekommt unsere Bücher zuzüglich Porto- und Verpackungskosten auch direkt über unseren Internet-Shop: ***www.reise-know-how.de***
Zu diesem Buch ist ein **AusspracheTrainer** erhältlich, auf **Audio-CD** in jeder Buchhandlung der BRD, Österreichs, der Schweiz und der Benelux-Staaten oder als **MP3-Download** unter ***www.reise-know-how.de***
Der Verlag möchte die **Reihe Kauderwelsch** weiter ausbauen und **sucht Autoren!** Mehr Informationen finden Sie unter ***www.reise-know-how.de/rkh_mitarbeit.php***

Kauderwelsch

Annette Kühnel

Patois für Jamaika

Wort für Wort

Tanks

Ich danke Jean Siegel und Brigitta für Gespräche und Anregungen.

REISE KNOW-HOW
im Internet
www.reise-know-how.de
info@reise-know-how.de

Aktuelle Reisetipps
und Neuigkeiten,
Ergänzungen nach
Redaktionsschluss,
Büchershop und
Sonderangebote
rund ums Reisen

Kauderwelsch-Sprechführer sind anders!

Warum? Weil sie Sie in die Lage versetzen, wirklich zu sprechen und die Leute zu verstehen.

Wie wird das gemacht? Abgesehen von dem, was jedes Sprachbuch bietet, nämlich Vokabeln, Beispielsätze etc., zeichnen sich die Bände der Kauderwelsch-Reihe durch folgende Besonderheiten aus:

Die **Grammatik** wird in einfacher Sprache so weit erklärt, dass es möglich wird, ohne viel Paukerei mit dem Sprechen zu beginnen, wenn auch nicht gerade druckreif.

Alle Beispielsätze werden doppelt ins Deutsche übertragen: zum einen **Wort-für-Wort,** zum anderen in „ordentliches" Hochdeutsch. So wird das fremde Sprachsystem sehr gut durchschaubar. Denn in einer fremden Sprache unterscheiden sich z. B. Satzbau und Ausdrucksweise recht stark vom Deutschen. Ohne diese Übersetzungsart ist es so gut wie unmöglich, schnell einzelne Wörter in einem Satz auszutauschen.

Die **Autorinnen und Autoren** der Reihe sind Globetrotter, die die Sprache im Land selbst gelernt haben. Sie wissen daher genau, wie und was die Leute auf der Straße sprechen. Deren Ausdrucksweise ist nämlich häufig viel einfacher und direkter als z. B. die Sprache der Literatur oder des Fernsehens.

Besonders wichtig sind im Reiseland **Körpersprache, Gesten, Zeichen und Verhaltensregeln,** ohne die auch Sprachkundige kaum mit Menschen in guten Kontakt kommen. In allen Bänden der Kauderwelsch-Reihe wird darum besonders auf diese Art der nonverbalen Kommunikation eingegangen.

Kauderwelsch-Sprechführer sind keine Lehrbücher, aber viel mehr als Sprachführer! Wenn Sie ein wenig Zeit investieren und einige Vokabeln lernen, werden Sie mit ihrer Hilfe in kürzester Zeit schon Informationen bekommen und Erfahrungen machen, die „taubstummen" Reisenden verborgen bleiben.

Inhalt

Konversation

Anhang

© CPO, fotolia.com

Vorwort

Out of Many One People – „Aus vielen ein Volk". So lautet das nationale Motto von Jamaika und weist auf die gemischte Bevölkerung hin, die ursprünglich aus afrikanischen, asiatischen und europäischen Ländern stammt. Man sagt, dass diese vielen Völker im Inselnamen vereint seien. Jeder Buchstabe steht für eine Bevölkerungsgruppe:

J für die Juden, die bereits um 1580 zur Zeit der spanischen Herrschaft aus Portugal einwanderten;

A für Afrikaner, die von ca. 1550 - 1808, dem Jahr des gesetzlichen Verbots des Sklavenhandels, aus West- und Zentralafrika als Sklaven nach Jamaika gebracht wurden und die mit ca. 80 % die größte ethnische Gruppe stellen;

M für Maroons, die sich 1655, als die Engländer die Insel von den Spaniern eroberten, in die Berge zurückzogen und die Engländer für nahezu siebzig Jahre bekämpften. Beide Seiten einigten sich auf einen Verhandlungsfrieden, der den Maroon bis zum heutigen Tag begrenzte Autonomie gewährt;

A für Amerikaner und Europäer, zu denen

auch deutsche Einwanderer zählen. Die Deutschen kamen nach 1834, dem Jahr der endgültigen Abschaffung des Sklavensystems nach Jamaika;

I für Inder und **C** für Chinesen.

Auch diese beiden Bevölkerungsgruppen kamen erst nach 1838, und zwar ursprünglich als Vertragsarbeiter nach Jamaika. Die Plantagenbesitzer heuerten sie als Arbeiter aus den englischen Kolonien an, weil viele der früheren Sklaven die Plantagen verließen;

A für die Arawak-Indianer, die auf der Insel lebten, als Kolumbus im Frühjahr 1494 auf Jamaika landete. Die Arawak überlebten die gewaltsame Eroberung der Insel durch die Spanier nicht. Fronarbeit und eingeschleppte Krankheiten hatten die ca. 100 000 Bewohner der Insel bereits 100 Jahre später dahingerafft. Wenngleich von ihnen sehr wenige Zeugnisse geblieben sind, so geht doch der Name Jamaika auf die Arawak zurück. Sie nannten ihre Insel **Xaymaica -** „Land der Wälder und des Wassers".

Vor diesem geschichtlichen Hintergrund entwickelte sich das **Patwah.** Bislang ist das **Patwah**, von dem die einen sagen, es sei eine eigenständige Sprache, die anderen, es handele sich lediglich um einen Dialekt, keine Schriftsprache. Dennoch veröffentlichen seit einigen Jahren Texter, Erzähler, Dichter und

Intellektuelle ihre Werke in **Patwah**, wobei jeder Autor eine mehr oder weniger unterschiedliche Schreibweise benutzt. Wer jedoch einmal den Klang des **Patwah** in den Ohren hat, kann diese Bücher lesen.

Im Umgang mit den Touristen, insbesondere an der Nordküste Jamaikas, hat sich ein jamaikanisch-amerikanischer Akzent eingebürgert, der für den Besucher, sofern er Englisch spricht, den sprachlichen Umgang erleichtert. Das **Patwah** lebt dennoch weiter und eines ist gewiss, JamaikanerInnen schätzen es, wenn Besucher und Touristen etwas von ihrer Sprache verstehen. Touristen werden manchmal mit Begrüßungsformeln aus mehreren Ländern gegrüßt und deutsche Touristen sollten nicht erstaunt sein, wenn sie die Frage „Alles klar?" hören. Die entsprechende Antwort darauf wäre: **„Mi kuul maan, mi chatt Patwah".** Übersetzt hieße dies: „Ich komm' gut zurecht, außerdem sprech' ich Patwah!".

Über die Sprache

Die Grundlagen der Sprache in Jamaika hatten sich bereits um 1750 herum gefestigt. Von den Arawak und den Spaniern waren bis auf Namen für Speisen, z. B. Barbeque, Cassava, Cashew und Orts- und Flussbezeichnungen, wie Liganea, Santa Cruz, Rio Cobre wenige sprachliche Zeugnisse geblieben. Die meisten der bis 1750 nach Jamaika verkauften Afrikaner stammten aus Gegenden in West- bis Mittelafrika, in denen **Akan** und **Ewe** gesprochen wurde und wo **Ashanti-** und **Ki-Kongo-Sprachen** vorherrschten. Die Europäer, die um diese Zeit auf Jamaika lebten, stammten aus England, Irland und Schottland. Aus diesen verschiedenen sprachlichen Einflüssen bildete sich das englische, bzw. das **jamaikanische Kreol,** mit einer eigenen Grammatik, einer typischen Wortwahl und einer melodischen Sprachrhythmik. Diese von den Inselbewohnern gesprochene Sprache stand nun dem britischen Englisch, der offiziellen Sprache Jamaikas, gegenüber und setzte sich nur durch mündliche Überlieferung fort. Das jamaikanische Kreol wurde nie eine Schriftsprache, zudem haftete ihm stets der Ruf des „hinterwäldlerischen" an.

Die erste Arbeit, die ernsthaft das jamaikanische Kreol untersuchte, wurde 1868 geschrieben. Doch erst einhundert Jahre später, im Zuge der Unabhängigkeitsbestrebungen

Seitenzahlen

Um Ihnen den Umgang mit den Zahlen zu erleichtern, wird auf jeder Seite die Seitenzahl auch in Englisch angegeben!

und der Selbstfindung eines kolonialisierten Volkes, gab es ab 1950 systematische Studien über Dialektwörter, Redewendungen, Grammatik und Satzbau der einheimischen Sprache, für die es bislang entweder die Bezeichnung Kreol oder jamaikanisches Englisch gegeben hatte. In dem 1967 veröffentlichten **„Dictionary of Jamaican English"** bezeichnet das Wort **Patwah, Patoah** oder **Patois** einen Dialekt in Jamaika. Die verschiedenen Sprachschichten: kreolisches Englisch, jamaikanisches Englisch und **Patwah** fließen so sehr ineinander, dass Sprachforscher sich bis zum heutigen Tage schwer daran tun, eine klare Abgrenzung zwischen ihnen zu ziehen. Das Standard-Englisch, das sogenannte „Queen's English" ist nach wie vor die offizielle Sprache Jamaikas und soll in Schulen, Behörden, bei Parlamentsdebatten und in den Medien gesprochen und geschrieben werden. Gleichwohl ist der Dialekt sehr lebendig und Touristen, die das jamaikanische Englisch recht gut verstehen, müssen passen, wenn sie **Patwah** hören. Viele aus dem Englischen abgeleitete Wörter haben andere Bedeutungen, daneben gibt es Wörter und Satzkonstruktionen, die nichts mit dem Englischen zu tun haben und letztendlich gibt es identische Wörter, bei denen aber die Aussprache stark abweicht.

Patwah wurde lange Zeit diskriminiert und sein Gebrauch ist auch heute weder in einem offiziellen Rahmen noch in bestimmten

Schichten „standesgemäß". Seit der Unabhängigkeit im Jahre 1962 ist eine heftige Debatte in Gang gekommen, ob **Patwah** gleichberechtigt neben dem Standard-Englisch an den Schulen unterrichtet werden soll. Diese Diskussion ist eng mit der Frage der nationalen und geschichtlichen Identitätsfindung eines jungen unabhängigen Volkes verbunden und noch lange nicht entschieden.

Bislang gilt für diejenigen, die im Beruf vorankommen wollen, das **Patwah** beiseite zu lassen, doch damit ist nicht gesagt, dass nun das **Patwah** vergessen sein wird. In der Debatte um den Stellenwert des **Patwah** sagte ein bekannter Journalist: „Wenn ich nach Hause komme, will ich mich entspannen, ich ziehe meine Schuhe aus und spreche Dialekt". Man könnte auch sagen: **'im chatt Patwah**, was heißt, er spricht **Patwah.** Denn so schnell wird die eigene Sprache nicht aufgegeben, zumal zum **Patwah** rhythmische Sprachmodulation und Körperbewegungen gehören, die das Englische nicht bietet und die Teil der jamaikanischen Identität sind. Das **Patwah** ist eine sehr lebendige Sprache, die immer wieder aufs neue Wortschöpfungen hervorbringt. Viele stammen von den **Rastafari,** die damit ihre Religion und Weltanschauung zum Ausdruck bringen. Als Schöpfer neuer Worte oder Redewendungen tun sich auch die **Deejays,** Jamaikas virtuose Sprechgesang-Künstler, hervor. **„Dem aal chatt Patwah."**

Zum Gebrauch

Ich habe versucht, in dem Sprachführer vor allem das Typische an der Sprache darzustellen, denn es gibt im **Patwah** regional unterschiedliche Betonungen und individuelle Wortschöpfungen. Trotz dieser Unterschiede sind die grammatikalischen Strukturen der Sprache recht einheitlich. Weil das **Patwah** keine Schriftsprache ist, gibt es auch keine rigide Handhabung der Sprache. Dadurch ist die Sprache einerseits schwer zu fassen, andererseits aber auch so lebendig. Ich habe deshalb, wo es mehrere Formen des Gebrauchs gibt, die häufigsten und gebräuchlichsten aufgeschrieben.

Zu den individuellen Sprachschöpfungen gehört z. B., dass jemand sagt: **Mi nah smouk rottn man.** Wortwörtlich übersetzt hieße dies: „Ich rauche keinen verdorbenen Mann." Diese Aussage macht erst dann Sinn, wenn man das Wortspiel versteht. Der Name der Zigarettenmarke **Rothman** ist dabei in **rottn man** verwandelt worden. JamaikanerInnen sind in bezug auf Sprachanwendung sehr kreativ und wenn man ein Wort mal gar nicht versteht, kann sich dahinter sehr wohl ein solches Wortspiel verbergen.

Mit der Sprache der **Rastafari** (religiöse Glaubensgemeinschaft, die um 1930 entstand) befasst sich ein eigenes Kapitel.

Kauderwelsch-AusspracheTrainer

*Falls Sie sich die wichtigsten Sätze und Wörter, die in diesem Buch vorkommen, einmal von einem Jamaikaner gesprochen anhören möchten, kann Ihnen Ihre Buchhandlung den **AusspracheTrainer** zu diesem Buch besorgen.*
*Sie bekommen ihn auch über unseren Internetshop **www.reise-know-how.de***
*Alle Sätze, die Sie auf dem **Kauderwelsch-AusspracheTrainer** hören können, sind in diesem Buch mit einem 👂 gekennzeichnet.*
*Mehr über den **Kauderwelsch-AusspracheTrainer** erfahren Sie auf Seite 122.*

Der Konversationsteil des Buches beschäftigt sich mit verschiedenen Situationen, in die man als Tourist oder Besucher geraten kann oder geraten wird.

Der **Patwah**-Satz ist stets richtig formuliert. Die deutsche Wort-für-Wort-Übersetzung zeigt die Struktur der Sprache. Die endgültige deutsche Übersetzung gibt den Sinn wieder.

Im Anhang befindet sich ein Vokabular von ca. 1000 Wörtern. Obwohl man in Jamaika problemlos mit Englisch durch die Insel kommt, wird es mit **Patwah**-Kenntnissen mehr Spaß machen. Ein Tipp: Wer **Patwah** lernen möchte, sollte, wenn nicht Englisch, so doch die englische Grammatik vergessen und sich ganz auf die neue Sprache einlassen. Wenn die Versuche, sich im **Patwah** auszudrücken, nicht ganz klappen oder noch etwas holprig sind und im Lachen enden, sagt man am besten:

Mi no jardie.
Ich bin nicht einheimisch.

Aussprache und Betonung

An der Sprache fällt zuallererst der rhythmische Klang auf. **Patwah** ist eine melodische Sprache, die einer Partitur vergleichbar ist. Bislang ist eine Sprache jedoch nicht auf einer Tonleiter geschrieben worden, und zu viele Bedeutungszeichen verwirren das Gesamtbild. Deshalb empfehle ich zur Einstimmung in die Sprache die Begleit-CD.

Es folgen einige Hinweise zur Aussprache, die die Aussprachetabelle ergänzen sollen.

Im Sinne einer einheitlichen Umschrift findet man im gesamten Buch nur den Begriff **Patwah** statt **Patois,** wie es häufig in Englisch geschrieben wird.

Für Deutsche leicht ist das englische **th,** was im **Patwah** zwischen d und ß liegt. Das englische this wird dann also entweder als **dis** oder **ßis** ausgesprochen.

Eine weitere Besonderheit ist das **h,** was sehr oft vor Vokalen antönt **(h'eskep)** oder stumm ausgeprochen wird **('im).**

In beiden Fällen wird das **h** dennoch ausgesprochen, jedoch keinesfalls wie im Deutschen, sondern man holt tief Luft und stößt sie wie bei einem Kampfschrei im Judo oder Karate aus, allerdings stimmlos.

Unbetonte Vorsilben wie z. B. in inspector (Aufsichtsbeamter) fallen häufig ganz weg. Aus inspector wird dann **spektah** oder aus conductor (Schaffner) wird **daktah.** Sprachfor-

scher führen die Gewohnheit, unbetonte Vorsilben nicht auszusprechen, auf westafrikanischen Sprachgebrauch zurück.

Oftmals erscheinen Konsonanten in einer anderen Reihenfolge als wir sie vom Englischen her kennen, z. B. **flim** = film (Film) und **aks** = ask (fragen).

B und **v** liegen sehr nahe beieinander, so dass aus dem englischen vex (ärgern) **bex,** aus river (Fluss) **riba** und aus devil (Teufel) **debil** werden kann.

Das **Patwah** ist in deutsche Lautschrift übertragen worden, z. B. ist aus dem englischen you das deutsch ausgesprochene **juh** geworden oder good = **gud.** Auf die englische Schreibweise ist verzichtet worden, um einerseits die Aussprachetabelle nicht unübersichtlich werden zu lassen, andererseits und auch wichtiger, um den Klang des **Patwah** beizubehalten.

Aussprachetabelle

Umschrift	Aussprache	Beispiel
aa	Aal	**aalrait** (= in Ordnung)
á		**whá** (= was; kurz und offen)
ch	Matsch	**chail** (= Kind)
ey	hey	**breyds** (= Zöpfe)
é		**whé** (= wo; kurz und offen)
h		**whatah** (= Wasser; das h zieht vorstehenden Buchstaben lang)
I-	ai	**I-tal** = **aitdl** (= das natürliche Leben betreffend; s. Rasta-Taak)
j	Jäger Ausnahme:	**gjal** (= Mädchen; **Jah** = Gott, was als „Dschah" ausgesprochen wird, wird stets mit großem J geschrieben.)
s		vor Vokalen: liegt nahe bei ß vor Konsonanten: wie das deutsche s
sh		**shap** (= Geschäft) wird wie sch ausgesprochen
sz	Fass	**szieh** (= sehen)
'		Auslassung eines Buchstabens, z. B. **lan'** = **land** (=Land, Grund, Boden) oder **'im** = **him** (= er, sie) **'faiáh** (= Feuer), **biébi** (=Baby) Akzent auf einem Vokal betont den Buchstaben, z. B. **prisón** (= Gefängnis)

Anmerkung der Autorin: Dies ist meines Wissens der erste Versuch, **Patwah** *in deutsche Lautschrift zu übertragen. Für Anmerkungen, Hinweise und Kritik bin ich deshalb besonders dankbar.*

Zur Einstimmung

Ausrufe sind ein wichtiger Teil der Kommunikation. Es sind Gesprächswörter, mit denen man auf sich aufmerksam macht und Anerkennung oder Missfallen zum Ausdruck bringt.

hai	Hallo!
kssst!	ein Laut, durch die Zähne gezischt, um auf sich aufmerksam zu machen.
ah-whá!	drückt Erstaunen aus.
raahtid!	drückt Erstaunen aus.
choo!	drückt Widerwillen aus.
ooo-i!	klagend.
iiih?	fragend.
jeh maan!	natürlich, klar, ok!

Einige Worte zu dem Ausdruck **maan,** was im ursprünglichen Sinne Mann oder Mensch bedeutet: Er wird häufig gebraucht und stiftet vor allem dann Verwirrung, wenn nicht nur Männer sich untereinander damit ansprechen, sondern **maan** auch zu Frauen gesagt wird. Weiterhin taucht **maan** häufig in Gesprächen als **jes maan** oder **jeh maan** und als **no maan** auf. Mit dieser sprachlichen Floskel wird entweder Übereinstimmung in den Meinungen ausgedrückt, eine Aussage bekräftigt oder entschieden abgelehnt. Verwirrend ist auch der Gebrauch des persönlichen Fürwortes **'im** (englisch: **him;** deutsch: er), denn **'im** wird für Frauen *und* Männer angewandt. Demzufolge habe ich **'im** manchmal mit „er" und manchmal mit „sie" übersetzt.

Verdoppelung von Wörtern aller Kategorien kommt häufig vor. Diese Gewohnheit wird auf den Twi-Dialekt von Ghana zurückgeführt.

robbisch-robbisch	viel Müll
taak-taak	ohne Unterlass reden
swiiet-swiiet	sehr süß
chacka-chacka	sehr unordentlich

Das **Patwah** ist reich an Metaphern. Auch dieser Brauch der Anwendung von bildhaften Ausdrücken soll aus Westafrika stammen.

'im swiietmaud
er/sie schmeichelt
Er/sie ist charmant.

ai-whatah	Tränen
haard-ier	trotzig
swiiet-maud	schmeicheln
neck-beck	Nacken
hand-middl	Handfläche

Hauptwörter (Substantive)

Hauptwörter verändern sich nicht. Sie treten meist in der Grundform auf. Die Mehrzahl ist durch ein Zusatzwort gekennzeichnet.

Artikel

Der bestimmte Artikel (der, die, das) heißt **di:**

di trie	**di striiet**	**di pickni**
der Baum	die Straße	das Kind

Der unbestimmte Artikel (ein,-e,-r,-s) heißt **woan** oder **ah** (deren Verwendung allerdings ohne Regeln gehandhabt wird):

woan daag bait mi.
Ein Hund beißt mich.
oder

Mi riied ah buk.
Ich lesen ein Buch
Ich lese ein Buch.

Geschlecht

Soll bei einer Pflanze oder einem Tier das Geschlecht kenntlich gemacht werden, kann man, sofern der Gattungsname nicht bekannt ist, die persönlichen Fürwörter „er" oder „sie" vor das Hauptwort setzen:

shi-gout	Ziege
hi-gout	Ziegenbock
shi-plant	weibl. Pflanze
hi-plant	männl. Pflanze

Spricht man von einem Kind, **pickni,** macht man durch die Hinzufügung von Junge oder Mädchen deutlich, von wem man spricht:

gjal-pickni	Mädchen
buoi-pickni	Junge

An eine Berufsbezeichnung wird häufig Mann **(man)** oder Frau **(uman)** angehängt:

fischa-man	Fischer
polies-uman	Polizistin
raita-man	Schriftsteller
raita-uman	Schriftstellerin

Mehrzahl

Die Mehrzahl wird durch das Pluralwort **dem** gebildet. Es steht hinter dem Hauptwort. Aus 'Mary und ihre Freunde' wird: **Miéry dem.**

di pickni dem	**di kjar dem**
die Kinder die	*die Auto die*
die Kinder	die Autos

Mi nah szieh mi bradda dem.
Ich nicht sehen mein Bruder sie
Ich sehe meine Brüder nicht.

Ausnahmen

Nicht zählbare Hauptwörter bekommen weder einen Artikel noch das Pluralwort **dem**:

rais (Reis), **whatah** (Wasser), **milk** (Milch).

Will man die generelle Aussage machen, dass Mangos süß sind, so heißt das: **mango swiiet.** Will man aber sagen, dass eine bestimmte Mango süß ist, so heißt das: **di mango swiiet.**

Einige Hauptwörter:

pomp en praid	Arroganz
antiks	Eigenarten
pársn	Geistlicher
skarpián	Skorpion
ronnings	Dinge, die passieren
backwardness	Rückständigkeit
bangarang	Durcheinander, Streit
big man	reicher Mann mit Einfluss
makka	Dornen
slackniss	Unanständigkeit
laiárd	Lügner
riddim	Rhythmus
liriks	Liedtexte
su-su	Klatsch und Tratsch
twang	Akzent
maud-whatah	Speichel, Spucke
bokkl	Flasche
haard móni	schwer verdientes Geld
fren'	Freund
dalla	Dollar

Dieses und jenes

Der einfachste Ausdruck für „dieses" ist **dis** und für „jenes" **dat.** Die Mehrzahl wird jeweils mit dem Pluralwort **dem** gebildet. Einen genaueren Hinweis geben zwei Wortsilben, die vom Sprecher aus gesehen, Nähe oder Ferne anzeigen: **Jáh** weist auf die Nähe hin, **deh** auf die Ferne.

Nähe			**Ferne**	
Einzahl:	**dis-jah**	dieses (hier)	**dat-deh**	jenes (dort)
Mehrzahl:	**dem-jah**	diese (hier)	**dem-deh**	jene (dort)

Gi' mi dis-jah buk!
Geben mir dieses-hier Buch
Gib mir dieses Buch!

Es ist auch möglich, das Objektwort zwischen das hinweisende Fürwort und die Silbe, die auf die Entfernung hinweist, zu stellen.

Dem buk-deh nais. oder
Jene Buch-dort nett
Jene Bücher sind gut.

Dem-deh buk nais.
Jene-dort Bücher nett
Jene Bücher sind gut.

Das Pluralwort **dem,** was bei der Bildung der Mehrzahl an das Hauptwort angehängt wird, steht bei den hinweisenden Verhältniswörtern vor dem Hauptwort:

Paas mi dem mango-deh.
Reiche mir diese Mangos dort
Gib mir diese Mangos.

Eigenschaftswörter (Adjektive)

Das Eigenschaftswort verändert sich nur, wenn es gesteigert wird. In anderer Anwendung erscheint es stets in der Grundform.
Als Beifügung steht es vor dem Hauptwort.

h'onest piepl
ehrliche Menschen

di sick biébi
das kranke Baby

Mek mi tek juh tu mi gud fren'.
Lassen mich nehmen Dich zu meinen guten Freund
Lass uns Freunde werden.

Als beigefügte Satzaussage steht es hinter dem Hauptwort oder Verb:

Di biébi sick.
Das Kind krank
Das Kind ist krank.

Di gjal sing swiiet.
Das Mädchen singen süß
Das Mädchen singt gut.

Di bass draiv faas.
Der Bus fährt schnell.

Wird eine Eigenschaft näher charakterisiert, kann man „Verstärker" (**tu** = zu, **so** = so) benutzen oder das Eigenschaftswort verdoppeln:

'im tu sick.
Sie zu krank
Sie ist zu krank.

Shi so liezi.
Sie so faul
Sie ist so faul.

Di tiicha rait gud-gud.
Der Lehrer schreiben gut-gut.
Der Lehrer schreibt sehr gut.

Steigern & Vergleichen

Wir können im wesentlichen von einer regelmäßigen Steigerung der Eigenschaftswörter ausgehen. An die Grundform wird **-a** und **-is** angehängt:

steigern

likkle klein	**likka** kleiner	**likkis** am kleinsten
haard hart	**haarda** härter	**haardis** am härtesten

vergleichen

Um zu vergleichen, wendet man **dan** (als) und **mor dan** (mehr als) an. **Mor dan** steht hinter dem Eigenschaftswort:

Miéri bigga dan John.
Mary größer als John
Mary ist größer als John.

Miéri big mor dan John.
Mary groß mehr als John
Mary ist größer als John.

Mi sick mor dan juh.
Ich krank mehr als du
Ich bin kränker als du.

Gleichheit wird mit **lakka** ausgedrückt:

Miéri lov Piita lakka John.
Mary lieben Peter wie John
Mary liebt Peter und John gleichermaßen.

Einige nützliche Wörter

brait	hell, klug
smaal	klein
taal	groß, lang
likkl	wenig
h'expensiv	teuer
chiep	billig
hevi	schwer
loggi-loggi	schwerfällig, dümmlich, langsam
fuul-fuul	dumm
licki-licki	feige, unterwürfig
smaart	schlau, gewandt
klevah	klug, gewitzt
pritti	hübsch, schön
red-ai	habgierig
datti	schmutzig
def-ier	schwerhörig, störrisch, halsstarrig
haard-ier	trotzig
samfai	verschlagen, betrügerisch
dress fi kill	super gekleidet
kobitsch	geizig, unfreundlich
auta-orda	ungehobeltes, flegelhaftes Benehmen
kriss	spritzig, frisch
h'ignorant	dumm, erbost sein
kruschaal	wichtig, bedeutungsvoll
hott	heiß, scharf gewürzt, super, in sein
bad	sehr, schlecht

Mi lov 'im bad.
Ich liebe ihn sehr
Ich liebe ihn sehr.

'im liv bad laif.
Er leben schlechtes Leben
Er kennt keine Moral.

swiiet

Di kiék swiiet.
der Kuchen süß
Der Kuchen ist süß.

It swieet mi.
Es süß mich
Es gefällt mir.

haard

haard móni
schwerverdientes Geld

smouk haard
viel rauchen

Persönliche Fürwörter

mi, ai, ah	gebräuchliche Formen für „ich".
juh	Du/Sie
'im	er. Wird sehr häufig auch für das weibliche „sie" benutzt: **'im riied di buk.** = also entweder Er liest das Buch. oder: Sie liest das Buch.
shi/ 'im	sie
i, it	es
wi	wir
juh/unu	Ihr
dem	sie, Mehrzahl

Zwei Beispielsätze zum Gebrauch von **unu:**

Unu bettah no go deh.	**Unu kam?**
Ihr besser nein gehen dort	*Ihr kommt?*
Ihr geht besser nicht dort hin.	Kommt Ihr?

Verwirrend ist auch der Gebrauch des persönlichen Fürwortes **'im** (englisch: him; deutsch: er), denn **'im** wird für Frauen und Männer angewendet. Demzufolge habe ich **'im** manchmal mit „er" und manchmal mit „sie" übersetzt. Da jedoch auch die Form **shi** (englisch: she, deutsch: sie) zu hören ist, habe ich für das persönliche Fürwort „sie" auch **shi** verwendet.

Besitzanzeigende Fürwörter

Mit den oben genannten Fürwörtern wird auch die besitzanzeigende Form gebildet. Vor den Fürwörtern steht häufig, jedoch nicht notwendigerweise, **fi.**

fi-mi	mein
fi-juh	dein
fi-'im	sein, ihr
fi-shi	ihr
fi-wi	uns, unser, unsere
fi-juh/fi-unu	euer, eure
fi-dem	ihr, ihres, ihnen

Dem vex wid fi-him fambli.
Sie ärgern mit seiner Familie
Sie ärgern sich über seine Familie.

'im groh jam en kassawa on fi-him land.
Er wachsen Jam und Kassava auf seinem Land
Er pflanzt Yams und Kassava an.

Trabbl en prablim innah dem laif.
Ärger und Probleme in ihrem Leben
Sie haben viel Ärger und Probleme.

einige unpersönliche Fürwörter

smaddi	jemand
nobadda	niemand
woan	eine,-r, -s
sinting	etwas
nattn	nichts
nan	keiner

Hilfsverben

Die Grundform von „sein“ kommt im **Patwah** nicht vor.

sein

Di baibl haffi rait, di baibl kiaan wrong.
Die Bibel müssen richtig, die Bibel können nicht falsch
Die Bibel ist wahr, sie kann nicht falsch sein.

Auch für die Anwendung des gebeugten Hilfsverbs „sein“ gibt es keine Regeln. Vor Eigenschaftswörtern und bei persönlichen Fürwörtern fällt das gebeugte Hilfsverb (bin/bist, ist, sind) weg oder wird zu **is:**

Juh tu feyszi.
Du zu frech
Du bist zu frech.

Dem well satisfai.
Sie gut zufrieden
Sind sind sehr zufrieden.

Juh is di airis turis ai miiet dis sziesón.
Sie ist der netteste Tourist ich treffe diese Saison
Sie sind der netteste Tourist, den ich diese Saison treffe.

Wenn eine Handlung gerade ausgeführt oder andauern wird (Verlaufsform), drückt man dies mit **ah** aus:

Miéri ah fait wid Piita.
Mary ist kämpfen mit Peter
Mary kämpft (gerade) mit Peter.

Will man einen Ort bezeichnen, werden die gebeugten Hilfsverben „ist" und „sind" zu **deh:**

Whé Piita deh?	**Piita deh innah di jard.**
Wo Peter ist?	*Peter ist in der Hof*
Wo ist Peter?	Peter ist im Hof.

Dem deh-deh.
Sie ist-ist
Sie sind dort.

Achtung!

Deh gilt auch für die Vergangenheit. **Dem deh-deh** hieße dann: Sie waren dort. Will man ausdrücken, dass es etwas gibt, kann dies mit **hav** geschehen:

Di haus hav whatah insaid.
Das Haus haben Wasser innen
Im Haus gibt es Wasser.

Besitzt man etwas, wird **gat** verwendet:

Mi gat tri kau en fohr pig.
Ich habe drei Kühe und vier Schweine.

Tätigkeitswörter (Verben)

Tätigkeitswörter verändern sich, abgesehen von wenigen Ausnahmen, nicht; sie haben keine passive Form und werden nicht gebeugt.

Mi riied di buk.	Ich lese das Buch.
Juh riied di buk.	Du liest das Buch.
'im riied di buk.	Er/sie liest das Buch.
Unu riied di buk.	Ihr lest das Buch.
Dem riied di buk.	Sie lesen das Buch.

(Häufig wird an Tätigkeitswörter ein „s" angehängt. Statt **riied** hieße es dann: **riieds.** Das „s" ist dann jedoch bedeutungslos; es ist eine typische Eigenart des englischen Sprachgebrauchs besonders in der Karibik.)

Einige nützliche Verben

bruk brechen

wird angewendet für alles, was kaputt gehen, bzw. zerbrechen kann, egal, ob es sich z. B. um ein Bein **(fuut),** ein Auto **(kjar)** oder eine Flasche **(bokkl)** handelt.

Di kjar bruk.
Das Auto brechen
Das Auto ist kaputt.

ron rennen, ... hat auch die Bedeutung von „bestimmen“:

Mi ron tings.
Ich bestimmen Dinge
Hier bestimme ich. Ich bin der Boss.

lick schlagen, angefahren oder überfahren werden

Mi lick juh.
Ich schlage dich.

Di bass lick di daag.
Der Bus schlagen den Hund
Der Bus hat den Hund angefahren.

sporting	sich vergnügen, ausgehen
mash op	zerschlagen
bragg	übertreiben, angeben
siddong	sich niedersetzen
gwoan	weitermachen
kjarri	tragen, etwas/jmd. mitnehmen
bliiech	die Nacht durchmachen
fallo fashn	etwas nachmachen
bring-kam	bringen
figet	vergessen
gitop	aufstehen
fling-whey	wegwerfen
wash-whey	auswaschen
gaan-whey	weggehen
ketsch	fangen, einfangen
kuu-jah	schau her!
kuu	schauen, anschauen
mek	lassen, veranlassen

Ein wichtiges Wort ist **mek.** Es wird als Verb, als Fragewort und als Bindewort angewendet. Im folgenden Beispiel wird **mek** als Tätigkeitswort im Sinne einer Aufforderung benutzt. In einem solchen Fall leitet **mek** stets den Satz ein und steht direkt vor dem persönlichen Fürwort.

Mek mi tell juh sinting.
Lassen mich erzählen Dir etwas
Ich möchte Dir etwas erzählen.

Mek wi go.
Lassen wir gehen
Gehen wir.

don	etwas ist alle oder zu Ende

Ein häufiges und sehr nützliches Verb ist **don.** Es erscheint stets im Zusammenhang mit einem Hauptwort oder Tätigkeitswort.

Di moni don.
Das Geld zu-Ende
Das Geld ist alle.

Wi njam don.
Unser Essen ist-alle
Wir sind fertig mit dem Essen.

Mi don tell juh.
Ich zu-Ende erzählen Dir
Ich sagte es Dir.

Das Passiv

Wenngleich das Tätigkeitswort keine passive Form aufweist, so ist die Ausdrucksweise im Passiv dennoch gebräuchlich; allerdings leitet dabei im Unterschied zur deutschen Sprache das Subjekt (ich) nicht den Satz ein:

Faiáh börn mi.
Feuer verbrennen mich
Ich habe mich verbrannt.

Di bass lef mi.
Der Buss verlassen mich
Ich habe den Bus verpasst.

Reyn wet mi.
Regen nässen mich
Ich bin nass geworden.

Modalverben

Einige Modalverben erscheinen in anderer Zusammensetzung als sie vom Englischen her bekannt sind. In der folgenden Liste, die keinesfalls vollständig ist, sind in Klammern die englischen Entsprechungen aufgeführt. Einige Modalverben haben keine englische Entsprechung. Das wesentliche scheint mir, die Bedeutungen und die verschiedenen Zusammensetzungen überhaupt erst einmal kennen zu lernen, denn während eines Urlaubs oder kurzen Aufenthaltes ist es kaum möglich, alle Feinheiten einer Sprache zu erfassen.

kuda	(could)	konnte, könnte
maita	(may, might)	mögen, können, dürfen
shuda	(should)	sollten
wi'	(will)	werden
wuda	(would)	würden
wuda haffi	(-)	müssten
wudn	(would not)	würden nicht
fi	(ought to)	sollen, müssen
haffi	(-)	müssen, wollen
kjan	(can)	können
kiaan	(cannot)	nicht können
waan	(want)	wollen

Schauen wir uns nun einige Beispielsätze an. Als erstes zwei Wörter, die sich nur durch die Aussprache unterscheiden:

kjan können

Dis-jah mango kjan iiet.
Diese-hier Mango können essen
Diese Mango ist reif.

kiaan nicht können

Dat-deh mango kiaan iiet.
Jene-dort Mango können nicht essen
Jene Mango ist nicht reif.

haffi etwas sollen oder tun müssen

Juh haffi tek di nex bass.
Sie müssen nehmen den nächsten Bus
Nehmen Sie den nächsten Bus.

Mi haffi go ah farlhn.
Ich sollen gehen in Ausland
Ich soll ins Ausland gehen.

shuda sollten

Juh shuda shiém fi tell mi so.
Du sollten schämen zu erzählen mir so
Du solltest Dich schämen, mir das zu erzählen.

John wuda haffi rón.
John würde müssen rennen
John würde rennen müssen.

Zeiten

Für die Bildung von Zeiten gibt es keine festen Regeln. Da das Verb nicht gebeugt wird, kann man an ihm auch nicht die verschiedenen Zeiten ablesen.

Zukunft und Vergangenheit werden deshalb durch Zeitbestimmungen (morgen, gestern, damals, etc.), durch Indikatoren **(ah-go, wi', gwain)** ausgedrückt oder ergeben sich aus dem Inhalt des Gesprächs.

Zukunft

Zur Bildung der Zukunft durch Zeitbestimmungen siehe auch Kapitel „Zeitangaben". Die Zeitbestimmung steht entweder am Satzanfang oder Satzende:

Tumarroh mi rait di letta.
Morgen ich schreiben die Brief
Ich schreibe morgen den Brief.

Die Zukunft lässt sich auch mit den Indikatoren **wi'** (das englische will) oder **ah-go** und **gwain** (das englische **going to**) bilden. Die Indikatoren stehen vor dem Verb.

Afta mi wosch don, mi wi' shoh juh di jard.
Wenn meine Wäsche fertig, ich werde zeigen der Hof
Wenn ich mit dem Waschen fertig bin, werde ich dir den Hof zeigen.

(Zur Übersetzung von **jard: jard** ist der Hof, in dem ein oder mehrere Häuser stehen und den alle Bewohner des Grundstücks zum Verrichten der täglichen Arbeiten wie Waschen und Kochen benutzen.)

Dem ah-go 'iiet aaf di raip guava.
Sie werden essen auf die reifen Guaven
Sie werden die reifen Guaven aufessen.

Vergangenheit

Auch für die Vergangenheit gibt es mehrere Indikatoren **(did, woz, ben, ena).** Am einfachsten ist es für den Anfang, die Vergangenheit mit einer Zeitbestimmung oder mit **did** und **woz** zu bilden. **Did** und **woz** stehen vor dem (ungebeugten) Verb.

mit Zeitbestimmung:

Mi rait di letta jesaid.
Ich schreiben die Brief gestern
Ich schrieb den Brief gestern.

mit „did" und „woz":

Wi did go a gud skuul.
Wir taten gehen zu guter Schule
Wir gingen in eine gute Schule.

Di muzik woz laud.
Die Musik war laut
Die Musik war laut.

Bindewörter (Konjunktionen)

Die wichtigsten Bindewörter sind:

seh	dass

Mi happi seh 'im waan go.
Ich froh, dass er möchte gehen
Ich bin froh, dass er gehen möchte.

Ah driem laas nait seh ah szieh juh faada.
Ich träumen letzte Nacht, dass ich sehen Deinen Vater
Ich träumte letzte Nacht, dass ich Deinen Vater sah.

bot	aber

Mi wi' kjarri juh bot juh haffi gitop hörli.
Ich werde mitnehmen Dich, aber Du müssen aufstehen früh
Ich nehme Dich mit, aber Du musst früh aufstehen.

tru und **bikaaz**	weil, infolge von, wegen

Tru 'im sick, 'im kiaan kam.
Weil er krank, er nicht-können kommen
Weil er krank ist, kann er nicht kommen.

tru dat	deswegen, deshalb

Tru dat mi vex wid 'im.
Deshalb ich ärgerlich mit ihr
Deshalb bin ich sauer auf sie.

mek	deswegen, deshalb

(**Mek** als Bindewort gibt stets die Ursache eines Zustandes an.)

Di lang waak mek mi kam so liet.
Der lange Fußmarsch, deswegen ich kommen so spät
Der Fußmarsch dauerte lang, deswegen bin ich so spät.

en	und

John bahl aut en dem ron.
John schrie laut auf, und sie rannten.

Verhältniswörter

Da **ah** und **fi** so viele Bedeutungen haben, folgt hier eine kurze Zusammenstellung zur Übersicht. **Ah** und **fi** treten auch als Verhältniswörter auf. Weitere Verhältniswörter sind in den Kapiteln „Zeitangaben“ und „Ortsangaben“ zu finden.

Deh ist verwirrend durch den identischen Gebrauch in der Gegenwart und Vergangenheit, deshalb sei nochmals daran erinnert.

Ah

als persönliches Fürwort: „ich”	**Ah kam.**	Ich komme.
als gebeugtes Hilfsverb: „ist”	**‘im ah di boss.**	Er ist der Boss.
zeigt die nahe Zukunft an:	**‘im ah-go dehd.**	Sie wird sterben.
zeigt Verlaufsform an:	**Miéri ah rait.**	Mary schreibt (gerade).
als unbestimmter Artikel:	**Mi szieh ah trie.**	Ich sehe einen Baum.
als Verhältniswort „von”:	**Di ‘ól ah wi**	wir alle
	Di spiiech ah Piita	Peters Rede
steht vor Fragewörtern:	**Ah-whá Piita sen’?**	Was schickt Peter?
zeigt Ort und Richtung an:	**innah**	„in der”, „in die”, „in das”, „in dem”

Mi tiiech innah di jard.
Ich unterrichte in die Hof
Ich unterrichte zu Hause.

fi

als Verhältniswort: „für"	**Di buk ah fi Piita.** Das Buch ist für Peter.
vor besitzanzeigendem Fürwort:	**fi-'im buk** sein Buch.
vor einem Verb: „zu" und „zum":	**Plenti fi njam.** Viel zum Essen. **Motsch fi taak baut.** *Viel zu sprechen darüber* Viel zu bereden.
„sollen"/"dürfen":	**'im nah fi kwick so.** Er darf nicht so schnell sein.
zwischen zwei Verben: „um ... zu":	**Mi kam fi taak tu unu.** *Ich komme um sprechen zu euch* Ich komme, um mit euch zu sprechen.
als Befehl oder Aufforderung: „sollen, müssen"	**Yuh fi sit jah-so.** *Du müssen sitzen hier* Du musst hier sitzen. **Unu fi riied di buk.** *Ihr sollen lesen das Buch* Lest das Buch.

deh

als gebeugtes Hilfzeitverb „sind", „ist" und „war" bei Ortsangaben:	**'him deh-deh.** Er ist da. oder Er war da. **Whe' Piita deh?** *Wo Peter ist?* Wo ist Peter?
als hinweisendes Fürwort: „dort"	**deh-so** dort an jenem Platz

Die Fälle

Da im **Patwah** Wörter weder gebeugt noch dekliniert werden, sind auch die Fälle nicht schwierig. Wir werden uns lediglich den 2. Fall (Genitiv) und den 3. Fall (Dativ) anschauen:

Genitiv

Das Genitiv-Objekt (in den Beispielen Kind bzw. Haus) steht hinter dem Subjekt-Wort:

Di uman biébi sick.
Die Frau Kind krank
Das Kind der Frau ist krank.

Di tiicha haus big.
Das Lehrer Haus groß
Das Haus des Lehrers ist groß.

Dativ

Der Dativ kann mit einem Verhältniswort (**fi** und **ah**) gebildet werden:

'im sing woan song fi wi.
Er singt ein Lied für uns.

'im gi' wi di buk. oder
Sie gibt uns das Buch.

'im giv di buk ah wi.
Sie gibt das Buch zu uns.

Fragen

Es gibt mehrere Möglichkeiten, Fragen zu bilden: durch Anheben der Stimme, durch Fragewörter oder durch Frageausdrücke. Eine Frage, die nicht mit einem Fragewort eingeleitet wird, muss durch Anheben der Stimme am Satzende kenntlich gemacht werden.

Di tiicha ah kam?
Der Lehrer kommen?
Ist der Lehrer da?

Ah lai mi ah-tell?
Eine Lüge ich erzählen?
Ich lüge?

mit Frageausdrücken

Question tags werden wie im Englischen häufig benutzt. Sie sind dem in der Schweiz gebräuchlichen „oder?" vergleichbar. In Hessen hat das „gell?" eine ähnliche Funktion. Die Frageausdrücke stehen am Ende des Satzes und auch hier erfolgt die Betonung der Frage durch Anheben der Stimme.

iing? / no? notru?
nicht wahr?
hab' ich nicht recht?/nicht wahr?

Juh lov di muzik, iing?
Du lieben die Musik, nicht wahr?
Magst du die Musik?

Bestätigende Antwort:	**Ja maan.**
Verneinende Antwort:	**No maan.**

Miéri kuck gud, no tru?
Mary kocht gut, nicht wahr?
Kocht Mary gut?

Bestätigende Antwort:	**Tru, tru.**
Verneinende Antowrt:	**No, shi nah kuck gud.**

mit Fragewörtern

Wird eine eine Frage mit einem Fragewort eingeleitet, so steht dieses Wort am Satzanfang. Häufig steht ein **ah** vor dem Fragewort. Die Bedeutung der Frage ändert sich dadurch nicht.

Hu put i-deh? *Wer stellen es dort?* Wer hat es dort hingestellt?	oder	**Ah-hu put i-deh?** *Wer stellen es dort?* Wer hat es dort hingestellt?
Whá dat? *Was das?* Was ist das?	oder	**Ah-whá dat?** *Was das?* Was ist das?

Hau motsch di pain kaas?
Wie viel die Ananas kostet?
Wieviel kostet die Ananas?

weitere Fragewörter

whé	wo
whai/whá mek	warum
which woan	welche,r,s
hau	wie
whá	was
hau-motsch	wie viel

Fragen mit whá mek

Das Tätigkeitswort **mek** in Verbindung mit **whá** bedeutet „warum". **Whá mek** leitet stets die Frage ein:

Whá mek juh ron so?
Was lassen Dich rennen so?
Warum rennst du denn so schnell?

Whá mek juh fuul so?
Was lassen Dich dumm so?
Warum bist du denn so dumm?

Ah-whá mek 'im no kam?
Was machen ihn nicht kommen?
Warum ist er nicht gekommen?

Weitere Aspekte des Themas „Fragen" werden auch im Kapitel „Ortsangaben" erläutert.

Verneinung

Die allgemeinste Verneinung wird mit no gebildet. Daneben gibt es jedoch genügend andere Wörter **(nah** und **doan),** mit denen die Verneinung ausgedrückt werden kann.

No, nah und **doan** stehen jeweils vor dem Haupt-, Tätigkeits- oder Eigenschaftswort.

no	nein

Dis kuoknat no gud.
Diese Kokosnuss nein gut
Diese Kokosnuss ist nicht gut.

doan	nicht

Shi doan laik di muzik laud.
Sie nicht lieben die Musik laut
Sie mag keine laute Musik.

nah	nicht

(mit **nah** wird entschieden abgelehnt)

Mi nah riied dat buk-deh.
Ich nicht lesen jenes Buch dort
Ich lese jenes Buch ganz bestimmt nicht.

I nah go so.
Es nicht gehen so
So läuft das schon gar nicht.

nattn	nichts

Mi hav nattn fi gi' juh.
Ich haben nichts zu geben Dir
Ich hab nichts für dich.

'im nah sey nattn non-ataal.
Sie nicht sagen nichts überhaupt-nicht
Sie sagt überhaupt nichts.

nevah	nie

(**nevah** drückt häufig die Vergangenheit aus)

Me nevah noa seh Miéri gaan.
Ich nie wissen, dass Mary gegangen
Ich wusste nicht, dass Mary gegangen ist.

Einige nützliche Wörter:

widautn	ohne
non-ataal	überhaupt nicht
nan	keine,r,s
nobadda	niemand

Zeitangaben

Magische Kraft steckt zwar nicht in dem Ausdruck **suun kam,** (**suun** = bald; **kam** = kommen) was die Häufigkeit, mit der es angewendet wird, vermuten ließe, aber man behilft sich mit dieser Philosophie, wenn nichts mehr zu klappen scheint. **Suun kam** bedeutet so viel wie: Lass Dir Zeit, auch wenn Du warten musst, es wird klappen.

Auf Jamaika herrscht Tag- und Nachtgleiche mit Sonnenaufgang und -Untergang jeweils gegen 6.00 Uhr, bzw. gegen 18.00 Uhr. Auf dem Land beginnt für die Bauern der Tag sehr früh, meist schon um 4.00 Uhr morgens. In den Städten beginnt das Geschäftsleben nicht vor 9.00 Uhr.

Zeitangaben

deylait breyk	Tagesanbruch
dey kliien	Sonnenaufgang
maarning taim	morgens
suun a maarning	früh morgens
nuun	von 11.00-13.00 Uhr
iveling	gegen 17.00 Uhr
nait	Sonnenuntergang
dis maarning	heute morgen

Etwas verwirrende Zeitbegriffe sind **liéta** (später) und **likkle mor** (etwas später). Sie dienen als Verabschiedungsfloskel und gleichzeitig wird mit ihnen eine lockere Verabredung angedeutet, wobei beide Begriffe eine Zeitspanne von wenigen Minuten bis zu ganzen Tagen umfassen können. Deshalb immer Tag und Zeit ausmachen, wenn man eine genaue Zeit einhalten möchte. Bei zu hektischer Zeiteinteilung wird man aber unweigerlich zu hören bekommen:

Mi tek mi taim. oder **Tekjuhtaim.**
Ich nehmen mir Zeit *nimm-dir-Zeit*
Ich lass mir Zeit. Lass dir Zeit.

Verhältniswörter der Zeit

aal di wail	eine Zeitlang
lang taim	lange
kwick taim	schnell
haadli	selten
afta when	nachdem
regularli	regelmäßig
muosli	meistens
nau	jetzt
it liet	es ist spät
plenti-taim	oft, häufig
somtaim	manchmal

Zukunft

tumarroh	morgen
dey afta tumarroh	übermorgen
in tri dey tain	in drei Jahren
in woan jier taim	in einem Jahr
suun	bald

Vergangenheit	
jesaid	gestern
befordey	vorgestern
laas jier	letztes Jahr
laas Mandi	letzten Montag
innah dem deys	damals
fos taim	früher
plenti taim befor	vor langer Zeit
whey back	vor ewiger Zeit
som taim back	vor einiger Zeit

Gegenwart	
minit	Minute
auer	Stunde
dey	Tag
wiek	Woche
jier	Jahr
tidey	heute
Sondi	Sonntag
Mandi	Montag
Chjusdi	Dienstag
Satcherdi	Samstag

Etwas über das Wetter	
drai sziesón	Trockenzeit
wet sziesón	Regenzeit
gud sziesón	Aussaat
hott	heiß
Di taim so wet.	Es regnet so viel.
Di taim so drai.	Es regnet nicht.
Reyn wet mi.	Ich bin durchnässt.
It reyn haard.	Es gießt.

Zahlen & Zählen

Bei den Zahlen weicht lediglich die Betonung von der englischen Aussprache ab. Deshalb sind sie hier auch nicht aufgeschrieben. Wenn man die Zahlen einmal mit einem Jamaikaner durchgesprochen hat, stellen sie kein Problem dar.

Im **Patwah** wird aus der englischen three (3) **tri,** was dann nicht zu verwechseln ist mit dem Baum **(trie).**

Di tri pickni dem did innah di trie.
Die drei Kinder die taten in der Baum
Die drei Kinder waren im Baum.

Nützliche Wörter

mesha	messen	**woan taim**	einmal
kaas'	kosten	**tu taim**	zweimal
nattn	nichts	**di 'ól ah wi**	wir alle
ongl	nur	**unu**	ihr alle
som	einige	**ah next**	ein weiteres

tu-motsch	zu viele
kwaata	ein Viertel
noff	viel,-e, genug
aal	alle
plentiful	reichlich
so-so	nur

„Zu viel" kann auch durch Verdoppelung ausgedrückt werden:

'im ah taak-taak.	**robbisch-robbisch**
Er ist reden-reden	*Müll-Müll*
Er redet zu viel.	zu viel Müll

Die Mess- und Maßeinheiten richten sich nach dem englischen System. Die wichtigsten folgen in Englisch:

1 inch	2,45 cm
1 foot	30,48 cm
1 yard	0,91 cm
1 mile	1,61km
1 chain	Entfernungen bis zu 1 Mile
1 acre	0,4046 m2
1 ounce	28,35 Gramm
1 pound	0,456 kg

Für die Temperaturmessung gilt Fahrenheit:

0° C	32 Fahrenheit
10° C	50 Fahrenheit (diese Temperaturen werden nie in Jamaika gemessen)
20° C	69 Fahrenheit (eine Temperatur, die im Winter in den Bergen vorkommen kann)
30° C	88 Fahrenheit
35° C	93 Fahrenheit (Durchschnittstemperaturen)

Ortsangaben

Soll ein Platz oder Ort besonders hervorgehoben werden, hängt man das verstärkende Wort **so** an:

jáh	hier
deh	ist, war, da, dort, drüben
jáh-so	genau hier an diesem Ort
deh-so	genau dort an jenem Platz.

Dat shap deh-so mi ah go.
Jenes Geschäft dort-an-jenem-Ort ich gehen
Ich gehe in das Geschäft dort drüben.

Einem Befehl entsprechen die beiden Aufforderungen:

Kam jah-so!	**Godeh-so!**
Komm hierher!	Geh dort hin!

Die Frage nach dem richtigen Bus kann so gestellt werden:

Di bass tu Kingston liev jah-so?
Der Bus nach Kingston abfahren hier?
Fährt hier der Bus nach Kingston ab?

No, tek dat-deh bass deh-so!
Nein, nehmen dort Bus genau dort
Nein, nehmen Sie den Bus dort drüben.

Einige Verhältniswörter des Ortes

andah	unter
batamsaid	unterhalb
tapsaid	oberhalb
fram	von
frontn	davor
insaid	innen, drinnen, in
autsaid	draußen, außen
klos	nahe
far	weit
h'enni-whé	irgendwo
innah di kontri-said	auf dem Land
in taun	in Kingston
daun-taun	in Kingston

Fragen und Antworten

Ah-whé juh go?
Wo du/Sie gehen?
Wohin gehst du? oder Wohin gehen Sie?

Ah taun mi ah-go.
Kingston ich gehen
Ich gehe nach Kingston.
(**Taun** ist immer Kingston.)

Ah-whé juh kam fram?
Wo Du/Sie kommen her?
Woher kommst du? / Woher kommen Sie?

Ah Dshermani mi ah-kam fram.
Deutschland ich komme von
Ich komme aus Deutschland.

Satzbau

Die uns bekannte Wortfolge im Satz: Subjekt-Prädikat-Objekt kommt auch im **Patwah** vor:

Wi lov fi njam frai fish.
Wir lieben zu essen gebratenen Fisch
Wir essen gerne gebratenen Fisch.

Doch es gibt auch Ausnahmen. Schauen wir uns die Inversion an, d. h. die „gerade" Wortstellung Satzgegenstand (Subjekt) - Satzaussage (Prädikat) wird umgekehrt. Dadurch wird ein bestimmter Sachverhalt markiert oder hervorgehoben. Im folgenden Beispiel soll hervorgehoben werden, dass über John gesprochen wird, und aus:

Wi ah taak baut John. wird: **Ah John wi taak baut.**
Wir sprechen über John. *John wir sprechen über*

Weil diese Konstruktion häufig vorkommt, folgen zwei weitere Umkehr-Beispiele. Vor der zu markierenden Aussage steht immer ein **ah** und das Prädikat steht vor dem Subjekt.

John tiif di mango.
John stiehlt die Mango.

Ah tiif John tiif di mango.
Stiehlt John stiehlt die Mango
John stiehlt die Mango.

(Hier geht es um die Aussage, dass gestohlen wurde, deshalb wird **tiif** markiert.)

Diese Satzstellungen haben jedoch ausschließlich im **Patwah** ihre Bedeutung. An der deutschen Satzaussage ändert dies nichts. Wichtig ist in diesem Zusammenhang nur, solche Sätze und deren Bedeutung einordnen zu können, wenn man sie hört, da sie recht häufig vorkommen.

A sick Manwel sick mek 'im kudn kam.
Krank Emanuel krank deshalb er konnte nicht kommen
Weil Emanuel krank ist,
konnte er nicht kommen.

(Der Grund, warum Emanuel nicht kommen konnte, wird betont.)

Eine unterschiedliche Wortfolge kommt auch bei dem ortsbezogenen Verhältniswort **fram** (von, her, aus) vor. Das Objekt rückt vor das Subjekt und auch diese Sätze werden mit **ah** eingeleitet:

Ah di tiéla mi ah kam fram.
Der Schneider ich komme von
Ich komme vom Schneider.

Ah Dshermani mi ah kam fram.
Deutschland ich komme her
Ich komme aus Deutschland.

Rasta-Taak – die Rastafari-Sprache

Das Wort **Rastafari** bezeichnet sowohl die Religion als auch ihre Anhänger. Die **Rastafari** haben keine neue Sprache geschaffen, sondern vielmehr neue und veränderte Worte in die einheimische Sprache eingeführt, durch die sie ihre Religion und Weltanschauung ausdrücken. Eine der wichtigsten sprachlichen Neuerungen der Rastafari ist der unterschiedliche Gebrauch der ersten Person. Anstatt des häufig gebrauchten **mi** wenden sie **I & I** (ich und ich) an, oder **I** (ich) und **I-man** (ich) an. **I & I** ist ein religiöser Ausdruck, der besagt, dass „Ich und Gott" und „Ich und Du" eine Gemeinschaft bilden, dass der Mensch und Gott eins sind. Hinweis zur Aussprache: **I** wird stets **ai** ausgesprochen.

Patwah:	Rastafari:
'im tiiech mi.	**'im tiiech I & I.**
Er lehren mich	*Er lehren mich*
Er lehrt mich.	Er lehrt mich.

Aus dem spirituellen **I** oder **I & I** sind viele neue Wörter entstanden. Die folgende Liste gibt einige Beispiele für Wortschöpfungen, dabei ersetzt das **I** Anfangsbuchstaben und Vorsilben eines Wortes. (Es gibt für die **I**-Ersetzungen keine Regeln).

Rasta	Patwah	Englisch	Deutsch
I&I	**mi, ah, ai I**		Ich, mir, mich
-man	**mi, ah, ai I**		ich, mir, mich
-dren	**breddren**	brethren	Brüder
-vain	**divain**	devine	heilig
-retah	**kriétah**	creator	Schöpfer
-vah	**evah**	ever	immer
-sis	**priésis**	praises	Loblieder
-rinsh	**arinsh**	orange	Apfelsine
I-lallu	**kallalu**		spinatähnliches Gemüse
I-kwaliti	**ekwiti**	equality	Gleichheit
I-tal		healthy	lebensspendend
I-rie	**aalrait**	all right	alles in Ordnung

Auch Namen werden mit **I** verwandelt:

I-Rol	Errol
I-Roy	Leroy
I-Kel	Michael
I-ny	Tony

Die Weltanschauung der **Rastafari** ist positiv. Alles was als negativ empfunden wird, hat keinen Platz im positiven Denken; so wird aus den englischen Wort **sincere** (offen, ehrlich, echt), dessen erste Silbe an **sin** (Sünde) erinnert **I-sir.** Aus dem englischen **dedicate** (weihen, widmen), in dem **dead** (tot) anklingt, wird **livicate,** mit dem positiven Klang **liv** (engl. live = leben).

Mit vielen Wörtern betreiben die **Rastafari** Wortspiele und setzen sie gemäß ihrer wortwörtlichen Bedeutung zusammen:

daun-pressah	Unterdrücker
daun-stroi	unter-stören (zerstören)
poli-tricks	Politik (die mit Tricks arbeitet)
Jah-mek-jah	Jamaika (Gott machte dies hier)
ovah-staan'	über-stehen (verstehen)
Reagun	Wortspiel aus Reagan und gun (Pistole)
Dshermóni	Deutschland (Land mit Geld)

Ein wichtiges Wort ist **dred** (englisch: **dread** = schrecklich, fürchterlich). Ursprünglich wurde es als Schimpfwort auf die **Rastafari** gemünzt. Heute bezeichnet es einen Mann mit den typischen, häufig zu Schnüren gedrehten langen Haaren und wird als Anredewort gebraucht. **Dred** und **Rasta** werden häufig synonym verwendet, doch der Volksmund sagt: „Nicht jeder **Dred** ist ein **Rasta** und nicht jeder **Rasta** ist ein **Dred**."

Jáh	Gott
Jáh gaid so	Gott sei mit Dir!
Jáh sey	So wahr mir Gott helfe!
Jáh children	Kinder Gottes
Faada	gebraucht in Bezug auf Vater Jáh, dem Schöpfer
Rasta	Abkürzung für Rastafari (Kann als Anrede angewendet werden.)
dredlock	Mann mit langem Haar (Kann als Anrede angewendet werden.)
baalhed	Mann mit kurzem Haar

breddren	Männer, die denselben Glauben teilen
sistren	Frauen, die denselben Glauben teilen
locks	Haartracht der Rastafari
Dredman	Rasta, Dred
Kingman	Rasta
drednat	Kokosnuss
I-Jah-aits	Begrüßung: Gott sei gelobt.
gaidanz	Verabschiedung: Gott schütze Dich!
spliff	Marihuana-Zigarette
chalis	Wasserpfeife
siien?	Fragewort am Ende eines Satzes, etwa: nicht wahr?
juud	Jugendliche
Daata	Anredewort für junge Frau
Kwiien	Frau oder Freundin eines Rasta
Babylon	dem biblischen Babylon entsprechend: korrupte Welt
I man kuul	Ich bin cool.
riesón	reden, zuhören, Argumente austauschen
rockers	Reggae mit einem langsamen Rhythmus
ruuts	Wurzeln
ruutsman	Ein Mann, der seine kulturellen Wurzeln gefunden hat und gemäß dieser Ursprünge lebt.
ruuts-uman	Eine Frau, die ihre kulturellen Wurzeln gefunden hat und gemäß dieser Ursprünge lebt.
koltcha	Kultur
chant	singen
I gat koltcha.	Ich bin mir meines Ursprungs bewusst und lebe dementsprechend.
Chant daun Babylon	Ein korruptes System mit Musik zu Fall bringen, es „niedersingen".

Kurz-Knigge

Ein Tourist, und das ist sein wichtigster Beitrag zu einem sinnvollen Miteinander, muss, genau wie JamaikanerInnen, einem Verhaltenskodex folgen. Ein solcher Kodex gründet sich auf denselben Grundlagen, die unser eigenes Zusammenleben bestimmen und zu einem harmonischen Ganzen gestalten. Somit tragen zu einer guten Verständigung neben der Sprache auch die Akzente bei, die man mit der Kleidung und dem Verhalten setzt. In der Regel trifft man in Jamaika höfliche und zuvorkommende Mitmenschen, und vor allem Menschen, die Schlagfertigkeit, Witz und Humor schätzen. Mit diesen Eigenschaften kommt man auch als Tourist allemal weiter als mit Ungeduld und barschem Ton. Pannen werden nicht ausbleiben und wenn einmal gar nichts mehr klappt, sollte man sich, ebenso wie JamaikanerInnen, mit zwei Redewendungen trösten, **suun kam** und **no prablim:**

Suun kam (bald) bedeutet so viel wie: es dauert noch eine Weile. Dass diese „Weile" Minuten oder sogar Stunden umfasst, liegt nicht daran, dass das Leben, wie so häufig fälschlicherweise vermutet wird, in Jamaika weniger stressig ist. Vielmehr sind nicht alle uns bekannten technischen Hilfsmittel vorhanden, die Infrastruktur ist nicht so gut ausgebaut, tropische Regenfälle können für

Stunden das gesamte Leben lahmlegen und zu guter Letzt nimmt man sich mehr Zeit für persönliche Belange.

No Prablim (kein Problem) heißt in etwa: reg Dich nicht auf, wir finden eine Lösung. Skeptische seien versichert: Meist wird tatsächlich eine Lösung gefunden. JamaikanerInnen entwickeln sich zuweilen zu MeisterInnen der Improvisation.

In den touristisch erschlossenen Ortschaften geht es insgesamt unkompliziert zu, man kommt schnell ins Gespräch und bekommt Tipps, wo eine gute Gruppe spielt, wo etwas los ist oder was man in der Gegend unternehmen kann. Der Umgang ist herzlich und offen. In Jamaika bringt nicht nur die einheimische Gastfreundschaft eine entspannte Atmosphäre hervor, sondern auch die intensiven Eindrücke der üppigen Natur und der Trommelschlag des Reggae, von dem viele sagen, er sei der „Herzschlag" der Insel.

All das soll aber nicht darüber hinwegtäuschen, dass auf Umgangsformen und Verhalten sehr viel Wert gelegt wird **(tu hav manners).** Die großzügige und lockere Lebensweise, die Urlaubs- und Strandleben bestimmen, sind nicht maßgebend für das Leben in Jamaika.

Kleidung

Zu offiziellen Anlässen, aber auch zu privaten Besuchen bei einer Familie, sollte die Kleidung dem Anlass entsprechen. An kurzärmeliger Kleidung stört sich zum Beispiel bei einem Kirchenbesuch niemand, aber weder Shorts, Jeans oder ausgetretene Schuhe wären hier angebracht. Strandkleidung gehört an den Strand; beim Stadtbummel, besonders in Kingston, ist sie für Frau und Mann fehl am Platz. Durchsichtige und tiefausgeschnittene Blusen passen besser in die Disco als auf die Straße.

Baden

Ein strittiges Thema ist immer wieder das Baden, allerdings nur, wenn es darum geht, gänzlich unbekleidet oder topless an öffentlichen Stranden zu baden. JamaikanerInnen lehnen es ab, man fürchtet nicht nur den negativen Einfluss auf die Kinder, sondern es widerspricht der moralischen und religiösen Einstellung.

Körpersprache

Ein Händedruck bei der ersten Begegnung ist üblich und ist in einem eher formellen Rahmen immer angebracht. Mehr zur „Szene" gehört dagegen der Gruß mit einem dreifachen Faustschlag. Diese nahezu ritualisierte Begrüßung symbolisiert **piiez** (Frieden), **lov** (Liebe) und **juniti** (Einssein) und ist eher unter Männern üblich. Freunde und Bekannte grüßen sich mit einem kurzen Aufeinanderschlagen der Handinnenflächen. Aber auch beim **riesóning** (argumentieren), wenn gute Argumente vorgebracht werden, kommt dieser Handschlag vor. Die dazugehörigen Worte **totsch mi, maan** meinen dann: „berühr meine Hand".

Den Augen, die auch als Fenster der Seele bezeichnet werden, fällt in Gesprächen eine wichtige Rolle zu. Doch genau wie anderswo hängt in Jamaika die Intensität des Augenkontaktes von der Beziehung zu einer Person oder der Einstellung ihr gegenüber ab.

Vermeiden soll man jedoch, jemanden zu beobachten und die Augen in dem Moment

abzuwenden, wenn die ins Visier genommene Person sich des Blicks bewusst wird und ihn erwidert. Vollends unhöflich wäre es, gleichzeitig den Kopf in eine andere Richtung zu drehen. Ein solches plötzliches Abwenden der Augen, begleitet vom Rucken des Kopfes wird als **kot ai** (cut eye) bezeichnet und ist eine Beleidigung.

Es ist besser, den Blick nicht plötzlich abzuwenden, sondern dies mit der Entschuldigung **h'exkjus mi, plies** oder dem Gruß **airi** zu tun. Dieses Verhalten kann man übrigens umgekehrt auch seitens der Jamaikaner erwarten.

Diskretion

In vielen Gegenden verläuft das alltägliche Leben sehr offen; die Türen der Häuser stehen weit auf, gekocht wird außerhalb des Hauses und oftmals dient ein Fluss oder eine öffentliche Wasserleitung als Waschgelegenheit. In die für Touristen unsichtbaren Privatsphären sollte man nicht eindringen und keinesfalls ohne Aufforderung in ein Haus laufen, sondern, falls kein Zaun oder eine Hecke das Grundstück begrenzt, in gebührender Entfernung vor dem Hauseingang stehenbleiben und sich bemerkbar machen.

Wenn sich jemand öffentlich im Fluss oder an einer Wasserleitung wäscht, wird dies ignoriert und so sollten es auch Touristen handhaben.

Zur Diskretion gehört auch der sensible Umgang mit der Kamera, denn es passiert leicht, dass dort, wo Jamaikaner die Augen abwenden, ein Tourist die Kamera zückt. Deshalb immer, wenn man Personen ablichten möchte, diese um Erlaubnis fragen.

Fotografieren

Die Mittagssonne ist sehr stark und gleißend, fotografieren ist dann nur mit Spezialausrüstung möglich. Die beste Fotozeit ist der frühe Morgen und der Spätnachmittag. Filme guter Qualität sind in allen größeren Ortschaften zu bekommen. Kamaras vor Sand, Hitze und Luftfeuchtigkeit mit Plastiktüten und Staniolpapier schützen.

flim	Film
tek ah pikcha	fotografieren
kamara	Fotoapparat
divelopp	entwickeln

Das Fotografieren kann eine heikle Angelegenheit werden, wenn einige Grundsätze nicht beachtet werden:

Nie versuchen, Personen ohne deren Genehmigung zu fotografieren. Ein „Schnappschuss" kann zu einem hitzigen Wortgefecht oder einer saftigen Geldforderung führen. Stets um eine Aufnahme bitten. Besonders, wenn es sich um Bekannte handelt, wird eine solche Bitte nicht verwehrt werden.

Aufnahmen von offiziellen Sehenswürdigkeiten gehen problemlos vonstatten.

Keine Bilder auf öffentlichen Plätzen schießen und besonders nicht von Menschentrauben, die z. B. auf einen Bus warten oder an einer Versammlung teilnehmen.

Wer es sich leisten kann, sollte eine Polaroid-Kamera dabei haben, um so als Gegenleistung ein Bild dazulassen. Versprochene Bilder nach Jamaika zu schicken, sollte selbstverständlich sein.

Mey ai tek woan pikcha ah di pliies?
Darf ich nehmen ein Bild von dem Ort?
Darf ich hier fotografieren?

Mey ai tek juh pikcha?
Darf ich nehmen Ihr Foto?
Darf ich Sie fotografieren?

Whe me kjan bai ah njuh flim?
Wo ich kann kaufen einen neuen Film?
Wo kann ich einen Film kaufen?

Mi kamarah bruk, smaddi jah-so fi repair?
Meine Kamera kaputt, jemand hier zum reparieren?
Meine Kamera ist kaputt, kann jemand sie reparieren?

Umgangsformen

Eine erste Unterhaltung, in deren Verlauf erst einmal einige wissenswerte Informationen abgefragt werden, z. B. Herkunftsland, warum man nach Jamaika gekommen ist, Aufenthaltsdauer, wie und mit wem man reist, beginnt meist mit dem gebräuchlichen Gruß:

Eh Maan, wha 'appen?
Hey Mann, was passiert?
Hallo! Wie geht's?

und einer gegenseitigen Vorstellung:

Whá juh niém?
Wie heißen Sie?

Whá juh niém égen?
Wie war Ihr Name nochmal?

Mi niém Piita.
Ich heiße Peter.

Di uman niém Smith.
Die Frau heißt Smith.

Einige Worte zu dem Ausdruck **maan**, der im ursprünglichen Sinne ja Mann oder Mensch bedeutet: Er ist häufig gebraucht und stiftet vor allem dann Verwirrung, wenn nicht nur

Männer sich untereinander damit ansprechen, sondern **maan** auch zu Frauen gesagt wird. Weiterhin taucht **maan** häufig in Gesprächen als jes **maan** oder **jeh maan** und **no maan** auf. Mit dieser sprachlichen Floskel wird entweder Übereinstimmung in den Meinungen ausgedrückt, eine Aussage bekräftigt oder entschieden abgelehnt.

Dieser Ausdruck ist typisch jamaikanisch und gehört so sehr zum Land wie der Reggae und **suun kam,** dass Touristen und Touristinnen, die sich anfänglich über **jeh maan** ärgern, spätestens nach einigen Tagen selbst den Ausdruck gebrauchen.

Die Anrede

In Jamaika sind mehrere Formen der **Anrede** üblich. Ist der Name unbekannt, ist es üblich, eine Person mit einer Berufsbezeichnung anzusprechen, die natürlich manches Mal aufgrund der Kleidung oder des Verhaltens nur vermutet werden kann. Touristen werden manchmal gemäß ihrer bekannten oder vermuteten Nationalität gerufen, oder einfach als **turis'** (Tourist) und **visitah** (Besucher).

Die jamaikanische Gepflogenheit, eine Person nach dem Aussehen zu benennen, z. B. **shaartie** (Kleine,r) bei nicht allzu großer Statur, oder ihr einen Namen entsprechend von Charaktereigenschaften z. B. **fox** (Fuchs) für eine gewandte, schlaue Person, zu geben, sollten Touristen, solange sie nicht mit der passenden Situation oder Wortwahl vertraut sind, vorerst nicht nachahmen.

In einem mehr formellen Rahmen hingegen wird stets auf Einhaltung der angemessenen Anrede geachtet. Hochrangige Personen (Minister, Inspektor, Arzt) sollten mit **Sir** bzw. **Ma'am** oder ihrem Titel und dem Namen angesprochen werden.

In Jamaika besteht ein ausgefeiltes System der Anrede, das sich nach gesellschaftlicher Stellung und Alter differenziert. Solange sich jemand nicht mit einem Umgangsnamen vorstellt, ist es angemessen „Herr", „Frau"/"meine Dame" und „Fräulein" zu benutzen.

Zur ersten Begrüßung und Verabschiedung werden Hände gereicht. Will man sich aus einem Gespräch oder einer Gruppe entfernen, so kündigt man dies mit **excuse me please** an, sofern man sich in einem Kreis befindet, in dem „Queen's English" gesprochen wird. Ist dies nicht der Fall, sagt man **h'exkjus mi, plies.**

Als Anrede kann gelten:

Missis (Mrs.) Smith: eine verheiratete Frau, oder eine Frau, die hohes Ansehen genießt;

Liédi (Lady): eine Frau von hohem sozialen Status, umgangssprachlich für eine elegante Frau;

Ma'am (Madam/meine Dame): ist immer angebracht bei Frauen ab Mitte Dreißig;

Miss (Fräulein): ist immer angebracht bei

Frauen bis Mitte Dreißig. **Miss** steht entweder vor dem Vornamen **(Miss Paula)** oder dem Nachnamen **(Miss Smith),** aber auch vor dem ersten Buchstaben des Nachnamens. Aus Paula Smith wird **Miss S.**

Madda: Mutter oder auch eine traditionelle Heilerin;
Grandma: Großmutter, ältere Frau;
Sista: eine Frau, der man sich freundschaftlich verbunden fühlt;
Aanti: Tante, auch eine Frau, die viel mit Kindern zu tun hat;
Sah (Sir): wird im formellen Rahmen gebraucht, mein Herr;
Mistah: allgemeine Anrede für Männer, Herr;
Papa: älteres männliches Oberhaupt einer Familie;
Grandpa: älterer Mann, Großvater;
Boss: Boss, eine Person (Mann / Frau) die etwas zu sagen hat;
juud: Jugendliche und Kinder;
Rasta oder **Rastaman:** Anhänger der Rastafari-Religion;
Dred: Mann mit langen Haaren.
Baddi: guter/alter Freund.

einige Berufsbezeichnungen

'daktah	Schaffner
'spektah	Inspektor
poliesman	Polizist
polis-uman	Polizistin
farmah	Bauer
weytriss	Kellnerin
weytah	Kellner
doktah	Arzt
draivah	Fahrer
turgaid	Fremdenführer
ttela	Schneiderin

Zu guter Letzt: Höflichkeit ist nicht nur eine Zier. Ein freundliches und vor allen Dingen ehrlich gemeintes **Pard'n mi** *oder* **h'exkjus mi, plies** *öffnet viele Türen.*

Redewendungen

Begrüßung und Verabschiedung

Gud maarning!	Guten Morgen!	
Gud iveling!	Guten Abend!	
Gud dey!	Guten Tag!	
Whá 'appen?	Wie geht's?	
Die Erwiderung ist:		**Whá 'appen?**
Aalrait!	Hallo!	
Die Erwiderung ist:		**Aalrait!**
Aalrait?	Alles in Ordnung?	
Die Erwiderung ist:		**Jes maan.**
	oder:	**No maan.**
Whá gwaan?	Was ist los?	
Tek-ker!	Pass auf Dich auf!	
Waak gud!	Alles Gute!	
Mek wi go!	Lass uns gehen.	
Kuul?	Alles in Ordnung?	
Kuul maan!	Alles in Ordnung!	

Verabredungen

Mi check juh liéta.
Ich sehe Dich später.

Eine solche Verabredung ist ernst gemeint und die Person wird kommen. Trickreich dabei ist das **liéta.** Denn die Zeitspanne, die **liéta** umfasst, kann sich auf Minuten oder Tage belaufen, also ist es besser, eine bestimmte oder zumindest annähernde Zeit auszumachen.

Entschuldigung

H'exkjus mi plies!	Ich bitte um Entschuldigung!
Ah sarri!	Es tut mir leid.
Mi riálli sarri!	Es tut mir aufrichtig leid!
Beg forgiv mi!	Verzeihen Sie mir! Verzeih!
Beg juh pard'n!	Entschuldigung.
Nattn innah dat.	Das macht nichts. Alles ok.

Eine Bitte kann auf verschiedene Arten ausgesprochen werden. Eine sehr höfliche Form, wenn man um eine Sache oder Gefälligkeit bittet, ist: **beg juh.**

Beg juh ah lift.
Bitten Sie eine Mitfahrgelegenheit
Ich bitte Sie um eine Mitfahrgelegenheit.

Beg juh ah zigarett, sista.
Bitten Sie eine Zigarette, Schwester
Hast Du bitte eine Zigarette?

Will man die Bitte verstärken, kann ein **du** an den Satzanfang oder das Satzende gestellt werden.

Beg juh ah lift, du.
Bitten Sie um eine Mitfahrgelegenheit, bitte
Nehmen Sie mich bitte unbedingt mit.

Du, doktah kjan juh kam?
Bitte, Doktor können Sie kommen?
Kommen Sie bitte unbedingt, Herr Doktor!

Weniger höflich ist es, eine Bitte oder Aufforderung ohne „bitte" auszusprechen:

Gi' mi ah nex drink.
Geben mir einen weiteren Drink
Noch einen Drink.

Tanks	Danke
Tanks veri motsch.	Vielen Dank.

© Shannon Drawe, fotolia.com

Wortgefechte **(treyszing match)** werden unter Schimpfen und Fluchen ausgiebig geführt. In der Tageszeitung, dem *Daily Gleaner*, wird innerhalb eines Zitates ein Fluch immer in Zeichen gedruckt. Das liest sich dann ungefähr so: *%&°§*. Von diesen nicht schicklichen Flüchen gibt es eine ganze Menge, die „milderen" kann man schon mal verwenden, man sollte jedoch sehr vorsichtig mit ganz „harten" Flüchen sein. (Die sind hier nicht aufgelistet.)

Raas	Hintern
Raas!	Verdammt! Wow! Das ist super!
Tá raas!	Verdammter Mist!
Juh fuul-fuul!	Idiot, Narr!
Back whey!	Hau ab! Verpiss Dich!
Muuv juh backsaid fram jah-so!	Hau ab!
Old Dschezibel!	Alte Klatschtante.
Juh tu h'ignorant!	Wie dumm du bist!
Mi ketch faiáh, maan.	Ich werd sauer!

Choo! begleitet von scharfem Anziehen von Luft durch die geschlossenen Zähne, drückt äußerstes Missfallen aus.

Kiss mi neck/fuut.
Küsse mein Hals/Bein
Rutsch mir den Buckel runter.

Kiss mi... wird dann angewendet, wenn man erstaunt, verblüfft oder sauer ist. Aber auch, wenn man jemanden herausfordern will.

Mi no badda wid juh, maan.
Ich nicht stören mit Dir, Mann
Du kümmerst mich einen Dreck.

Allgemein

Buoi!	Ausruf des äußersten Erstaunens, etwa: „Was, das glaub' ich nicht!"
Tu raahtid!	wie oben
Dat aalrait.	Das ist ok.
What a ting.	Super. Erstaunlich.
Mi riispek!	Du bist ok, alle Achtung!
Sey whá?	Meinst Du das ehrlich?
Dwiit	Pack's an! Mach's!
Mek as du a ting!	Lass uns was unternehmen!

(Vorsicht: In Bezug auf Frauen und Männe handelt es sich um eine klare sexuelle Auffor derung!)

Um die Liebe herum

Juh is marrid?
Du ist verheiratet?
Bist Du/ Sind Sie verheiratet?

Lov haffi tek taim fi groh.
Liebe muss nehmen Zeit zu wachsen
Liebe braucht Zeit, um zu wachsen.

Mi nah check fi 'im égen.
Ich nicht interessieren für ihn wieder
Ich interessiere mich nicht mehr für ihn.

Mi check juh liéta.
Ich besuchen Dich später
Ich besuche Dich später.

Mi no bisznis wid juh.
Ich nicht Geschäft mit Dir
Du interessierst mich nicht.

hosban'	Ehemann
waif	Ehefrau
marri	verheiratet
check-fi	sexuelles Interesse, bewundern, um jemand werben
pörl	Pille
heyz	Aids
robbah	Kondome
biébi faada	Vater eines Kindes
biébi madda	Mutter eines Kindes
samfai lovah	großer Angeber, nichts dahinter
sekkl dong	Hausstand gründen
mi ah briied	ich bin schwanger

Eingeladen sein

Seit einigen Jahren vermittelt das **Jamaican Tourist Board** (Fremdenverkehrsamt) Gastfamilien, die Urlauber zu einem Essen oder Gesprächen einladen. Gäste und Gastfamilien sollen einen gemeinsamen Bezugspunkt, z. B. Beruf, Hobby oder geteilte Interessen haben. Bei solchen mehr offiziellen Einladungen wird in der Regel Englisch gesprochen. Da die Gastgeber häufig zu einem Essen einladen, empfiehlt es sich, ein Geschenk mitzubringen.

Nähere Auskünfte erteilen die Büros des **Jamaican Tourist Board** in Kingston, Montego Bay, Negril, Ocho Rios und Port Antonio. Das Büro der deutschen Niederlassung befindet sich in Frankfurt am Main.

Doch unabhängig davon werden Touristen öfter zu einem Besuch in eine jamaikanische Familie eingeladen. Auch zu einem solchen Besuch, sollte man, wenn möglich, nicht in Shorts, ungeputzten Schuhen oder ungebügelten Kleidung erscheinen, ganz egal wie arm die Familie die einlädt, auch ist. Geschenke können auf die Lebensverhältnisse der Familie abgestimmt werden, z. B. Batterien für ein Radio, wenn das Haus nicht an das Stromnetz angeschlossen ist, Malstifte und Schreibpapier für Kinder, ein schönes Stück Stoff oder eine Delikatesse aus einer anderen Region der Insel. Es ist auch möglich, Geld dazulassen, mit dem die Besucher - und das sollte unbedingt zum Ausdruck gebracht werden - zu einer neuen Anschaffung, vielleicht eines Fischnetzes oder Schuhen für die Kinder, etwas beisteuern möchten. Großzügigkeit und Freigiebigkeit ist in Jamaika hoch angesehen, egal ob sie von Einheimischen oder Touristen kommt.

Die ersten Gespräche werden sich häufig um den Familienhintergrund der Besucher drehen. Man muss dabei keine Verrenkungen machen; zwar genießen Frauen und Männer, die Kinder haben und auch verheiratet sind, größeren Respekt und Achtung, weil sie damit eine Verantwortung eingegangen sind, doch wer aus den verschiedensten Gründen nicht verheiratet ist oder keine Kinder hat, wird auch akzeptiert. Auf Unverständnis stößt allerdings, wer einen allzu freizügigen Lebensstil propagiert oder über Gott lästert. Ein absolutes **no-no** (unter keinen Umständen) ist es, abfällig über Mütter zu sprechen. Themen, die die Politik betreffen, sollten bei ersten Besuchen, wenn überhaupt, nicht im Vordergrund stehen.

madda	Mutter
faada	Vater
biébi madda	Mutter eines Kindes
biébi faada	Vater eines Kindes
hosban'	Ehemann, Mann
waif	Ehefrau
swiethart	feste Freundin
sista	Schwester
bredda	Bruder
mi piepl dem	meine Familie
mi faada piepl	Familie, väterlicherseits
mi madda piepl	Familie, mütterlicherseits
faada-faada	Großvater
faada-in-laa	Schwiegervater
madda-in-laa	Schwiegermutter
chail	Kind
autsaid chail	uneheliches Kind
fambli	Familie
h'ankl	Onkel
aanti	Tante
goddi	Patentante
baarn	geboren

Hau juh du, Miss/Mrs. Brown/Mr. Brown...?
Wie Sie machen Fräulein/Frau Brown/Herr Brown...?
Wie geht es Ihnen, Fräulein/Frau Brown/Herr Brown...?

Tanks, wi aalrait, man.
Danke, wir in-Ordnung, Mann
Danke, es geht uns gut.

Tanks shi/'im aalrait.
Danke sie/er in-Ordnung
Danke, es geht ihr/ihm gut.

Mi haffi go houm.
Ich müssen gehen hause
Ich muss nach Hause gehen.

Mi bring ah likkle somting fi juh.
Ich bringe ein kleines etwas für Sie/Dich
Hier ist ein kleines Geschenk für Sie/Dich.

Mi bring ah likkle móni tu help aut wid di fishening net.
Ich bringe ein kleines Geld zu helfen aus mit die Fischnetz
Ich steure etwas Geld zum Kauf eines Fischnetzes bei.

H'exkjus mi plies, whá di tailet deh?
Entschuldigen mich bitte, wo die Toilette ist?
Entschuldigung, wo ist die Toilette?

Zimmersuche

Zwischen Luxushotels und auf schmalerem Geldbeutel eingestellten Guest Houses bietet Jamaika eine große Auswahl an Unterkünften. Ganz billig wird ein Urlaub auf der Insel allerdings nie werden. Die Preise sind im Sommer günstiger als im Winter. In kleineren Unterkünften ist Frühstück in der Regel nicht im Preis eingeschlossen. Für mehrere Personen empfiehlt es sich häufig, eine Villa oder ein Haus zu mieten. Wenn man in einem Ort unangemeldet ankommt, kann jederzeit eine lokale Bar als erste Anlauf- oder Auskunftsstelle dienen. Fragen sollten dann stets mit **„H'exkjus mi, plies"** eingeleitet werden.

Mi luck ah haus fi rent.
Ich suchen ein Haus zu mieten
Ich möchte ein Haus mieten.

Juh gat woan ruum fi rent?
Sie haben ein Zimmer zu vermieten?
Haben Sie ein freies Zimmer?

Hau-motsch fi di ruum/di haus?
Wieviel für das Zimmer/das Haus?
Wieviel kostet das Zimmer/das Haus?

Mi waan fi check di ruum plies.
Mich wollen zu prüfen das Zimmer bitte
Ich möchte bitte das Zimmer sehen.

tailet	Toilette
rest-ruum	Toilette/Badezimmer
shauer	Dusche
kendl	Kerze
h'elektriziti	Strom
maskito keil	Räucherspirale, vertreibt Mücken
maskito net	Mückennetz
shiet/linnen	Bettlaken
brekfas'	Frühstück

Essen und Trinken

Die jamaikanische Küche ist abwechslungsreich und vielfältig. Curry, Piment, Ingwer, Fisch, Ziegenfleisch, Hühnchen sind ebenso Bestandteil der Küche wie Kokosnussmilch, Avocado, Kochbananen, Yams, Kartoffeln und Reis. In größeren Ortschaften und in der Hauptstadt gibt es Kentucky-Fried-Chicken-Ketten. Überall, auch in touristisch erschlossenen Gegenden, bieten kleine einheimisch geführte Restaurants jamaikanische Gerichte zu erschwinglichen Preisen an. Preiswert und gut ist das Essen an den „Straßenküchen", die aus halbierten Ölfässern, aus einfachen Holzbuden oder aus „Küchen auf Rädern" bestehen.

Hongri ah kill mi.
Hunger ist töten mich
Ich bin sehr hungrig.

Ah nierli dehd fi whatah.
Ich nahezu tot für Wasser
Ich bin sehr durstig.

mi kjan bai ah drink?
Wo ich kann kaufen ein Getränk?
Wo gibt es Getränke?

mi fain woan restaurant?
Wo ich finde ein Restaurant?
Wo finde ich ein Restaurant?

Whá juh sörf tidey?
Was Sie servieren heute?
Was servieren Sie heute?

menju	Speisekarte
njam	Essen, essen
drink	Getränk, trinken
hott	scharf gewürzt
frai	gebraten
beil, kuck	gekocht, kochen
mix wash	Limonade zubereiten
biék	backen

einige Gerichte

Jerked chicken (Hühnchenteile) und **Jerked pork** (Schweinefleisch) werden in einem aufgeschnitten Ölfass auf Guave- oder Pimentholz gegrillt und mit einer scharfen Soße aus Thymian, Pfeffer und Piment serviert. Als Beilage gibt es geröstete Yams oder Weißbrot.

Patties: Teigtaschen mit scharf gewürzter Hackfleischfüllung. Die Würzmischung variiert von Region zu Region.

Das Nationalgericht ist **Ackie** und getrockneter Stockfisch **(acki 'n saalfish).** Das gelbe Fleisch der reifen Ackiefrucht wird mit dem Fisch, mit Tomaten, Paprika, Zwiebeln und scharfen Gewürzen geschmort und mit Yams, Brotfrucht und Kochbananen serviert.

Curry-goat: Ziegenfleisch in Pfeffer und Curry zubereitet und mit Reis serviert. Vorsicht beim Essen. Das Fleisch enthält durch die Art der Verarbeitung viele kleine Knochen.

Gemüse

acki	Lampionartige scharlachrote Frucht eines immergrünen Baumes. Im unreifen Zustand giftig.
pies	Bohnen
plantn	Backbananen
jam	Knollengemüse, das häufig mit der Kartoffel verwechselt wird. Es gibt ungefähr neun Sorten.
kassawa	Stärkehaltige, in rohem Zustand giftige Knollenwurzel, aus der **Bammi** nach einem Rezept der **Arawak** gebacken wird.
kallalu	spinatähnliches Gemüse
pak choi	ähnelt dem Chinakohl
cho-cho	ähnelt dem Kohlrabi, kalorienarm
per	Avocado
bredfrut	Brotfrucht, wird gegrillt, gekocht oder gebacken.
beil banana	Kochbanane
pampkin	Kürbis
pitetah	Kartoffel

Beilagen

schonni bred	Brotkügelchen, schmecken wie Croissants
damplings	Aus Mehl und Wasser gekochte Klöße
bammi	Kassava-Pfannkuchen

Fische und Schalentiere

Fisch wird meist mit Reis serviert. In den Küstenregionen ist er stets frisch, und je nach Sorte sehr saftig, doch nicht mehr so preiswert wie einstmals. Am besten, man fragt in den jeweiligen Restaurants, welche Fische im Angebot sind. Im großen Feuchtlandgebiet des Black River werden Flusskrabben **(peppered shrimp)** am Straßen-

rand in einer würzigen Marinade gekocht. Unbedingt probieren, wenn man dort vorbei kommt. Ein beliebtes und sehr preiswertes Gericht ist **ron dong.** Dazu werden Makrelen in Kokosnussmilch oder Palmenöl gekocht, mit Thymian gewürzt und mit Kochbananen serviert.

Gewürze

skotch bonnett	Extrem scharfe Pfefferschote
anatto	Rostrote getrocknete Baumsamen, mit denen Gerichte einen leuchtenden Orangeton bekommen.
kuoknat	Das Fleisch der Kokosnuss wird ausgepresst, die Milch zum Kochen verwendet.
skeljan	Schalotten
taim	Thymian
notmeg	Muskatnuss
körri	Curry
saal'	Salz

Aphrodisiaka

Nicht nur der Gesundheit, sondern auch der Libido förderlich sind einige **bush ties** und Suppen. Sie stärken den Körper **(strak-cha)** und die sexuelle Kraft **(stamina).** Schon ihre Namen drücken die potenzstärkende Kraft aus: **frontn lifter, straang back** oder **put-i-back.** Unter den Suppen erfreut sich besonders **Manish Water** großer Beliebtheit. Auch **Irish Moss**, eine Art Seetang, aus dem ein süßer gelierender Trank hergestellt wird, stärkt die Manneskraft (Sagt man!).

Früchte

paapa	Papaya
pain	Ananas, es gibt ca. 9 verschiedene Sorten.
guava	Guave
mango	Mango
agli	Dickschalige Zitrusfrucht, Kreuzung aus Orange und Mandarine.
arinsh	Apfelsine
sáur sop	saure fleischige Frucht
swiiet sop	süße fleischige Frucht
ginepp	Kleine runde Frucht mit großem Kern und saftigem Fruchtfleisch. Vorsicht: der Saft hinterlässt schwer entfernbare Flecken.
cherri	Acerola-Kirsche mit hohem Vitamin C-Gehalt.
nasberri	Süße Frucht, schmeckt nach Vanille.
tamarind	Saure feigenähnliche Frucht.

Getränke

Auch bei Getränken gibt es eine reichhaltige Auswahl. Frisches klares Wasser, Fruchtsäfte, Kräutertees, selbst hergestellte Limonaden, einheimisches Bier, lokale Weine und Rum-Cocktails. Die bewährtesten Durstlöscher sind Eiswasser, Red Stripe Bier, Wasser von jungen Kokosnüssen und Fruchtsäfte. Aus Orangen, Zucker und Wasser kann sich jeder selbst eine Limonade herstellen. Kräutertees schmecken, heilen und erhalten gesund. Man sollte keinesfalls versäumen, den einheimischen Kakao zu probieren. Er schmeckt köstlich.

Vorsicht vor dem **Magic Mushroom Tea** (Pilztee), wegen der schweren Dosierbarkeit könnten Halluzinationen die Oberhand gewinnen! Jamaikas Rum ist vielfach gerühmt, einen Rum Cocktail sollte man auf alle Fälle probieren.

kuoknat whatah	frischer Saft einer Kokosnuss
bush ti	Kräutermixgetränke
chaklit	Kakaogetränk
wash	Limonade
ti	Tee
kaafi	Kaffee

'im innah 'im whatah
er in-das sein Wasser
Er ist betrunken.

Die Küche der Rastafari

Die **I-tal Küche** der **Rastafari** ist die Alternative für all diejenigen, die fleischlose und biologisch reine Speisen bevorzugen. **I-tal** leitet sich von vital und von natürlich ab. **Rastafari** ist gelebte Religion und gelebte Philosophie. Die Ernährung spielt dabei eine wichtige Rolle. Für die **Rastafari** ist die Nahrung, die der Mensch zu sich nimmt, Träger natürlicher Energie, die in physische Kraft umgesetzt und vom Körper verbraucht wird. Viele **Rastafari** lehnen den Genuss von Fleisch grundsätzlich ab, für andere gilt dies in Bezug auf Schweinefleisch und Schalentiere. Früchte und Gemüse sind stets frisch und stammen aus natürlichem Anbau. Die Speisen werden zwar salzlos - weil Salz als schädlich für den Stoffwechsel des Körpers gilt - dafür jedoch mit scharfen Gewürzen zubereitet und in der Regel in Kokosnussmilch schonend gekocht, so dass die **I-tal** Nahrung ihren natürlichen Geschmack behält.

I-tal Restaurants, häufig in sehr einfach (aus Holz, Bambus oder Mangroven) gebauten Hütten zu finden, sind stets an den typischen Farben der **Rastafari** (rot-gelb-grün) zu erkennen.

I-tal Tees, zur Erfrischung oder medizinischen Anwendung, werden aus wilden Kräutern und den Blättern bestimmter Büsche und Bäume hergestellt, als Hilfe gegen Schlaflosigkeit, Übelkeit, Kopfschmerzen, Erkältung. (In Bezug auf Heilkräuter berät der **bush-doktah** oder die **baarm madda,** s.u. Arzt).

Früchte ergeben herrliche Mixgetränke, etwa eine Mischung aus Ananas- und Papayasaft, oder aus Zuckerrohrsaft, denen frischer, zerriebener Ingwer beigemischt wird, oder aus Karotten, Mango, Orangen oder Pampelmusen.

Gemüsepfannkuchen

(Aus: Das Rastafari Kochbuch. Margaret Ebanks. Verlag Klaus Guhl, Berlin 1981)

Ein Rezept für alle, die schon vor der Reise die **I-tal Küche** ausprobieren wollen:

3 gewürfelte Karotten,
3 gewürfelte Rettiche,
3 Knollen gewürfelte Rote Beete,
2 große cho-chos (durch Kohlrabi zu ersetzen),
3 kleine Salatkartoffeln,
2 Tassen dicke Kokosmilch,
2 Pfd. Weizen- oder Maismehl,
1 große Peperoni, Schalotten, I kleine Tomate,
1/2 Zwiebel, Kokosöl zum Backen.

Gemüse putzen und gründlich waschen. In einen Topf geben und soviel Wasser dazuschütten, dass alles bedeckt ist. Auf kleiner Flamme gardämpfen, vom Feuer nehmen und abtropfen lassen.

Die Kokosmilch unter das Gemüse und Mehl mischen, die Krauter dazugeben und mischen. Immer einen Esslöffel voll in heißes Öl in die Pfanne geben und knusprig braun backen. Fett abtropfen lassen und warm servieren. (Für 4 Personen)

Einkaufen

Häufig dreht es sich bei ersten Gesprächen am Strand oder auf der Straße um ein Geschäft, bei dem von einer **tarn** (Mütze) über **ruuts drink** (Natur-und Kräutersäfte) **und tur gaiding** (Fremdenführungen) bis zu Schnorchel- und Tauchexkursionen so ziemliches alles angeboten wird. Will man nichts kaufen, sollte dies mit einem ehrlichen und entschiedenen **no tanks** zum Ausdruck gebracht werden, denn als Geschäftsleute wollen die Händler einen Abschluss tätigen und werden weiterhin ihre Ware anbieten, wenn sie einen Kunden vor sich haben, der sie auf später vertröstet.

Einheimische Souvenirartikel sind auf dem **kraafts-maakit** zu finden. Bei den Artikeln handelt es sich nicht nur um schnell angefertigte Ware, sondern teilweise um sehr kunstvolle und ausgefallene Objekte. Ein Gang über diese Märkte ist immer ein Erlebnis.

Vor dem endgültigen Kauf empfiehlt sich ein Preisvergleich. Handeln ist immer angebracht, allerdings sollte man dabei bedenken, dass auch in Jamaika Qualität ihren Preis hat So sind Schnitzarbeiten aus dem Holz des **Lignum Vitae** teurer als die aus Zedernholz.

Touristen werden nicht grundsätzlich übers Ohr gehauen, obwohl es natürlich auch unter den Händlern schwarze Schafe gibt.

Materialien wie schwarze Korallen fallen unter das Washingtoner Artenschutzabkommen und dürfen nicht nach Deutschland eingeführt werden. Illegale Transaktionen ziehen Geldstrafen und/oder Gefängnis nach sich.

Auf Obst- und Gemüsemärkten bezahlen Touristen in der Regel die landesüblichen Preise. Günstig sind immer Gemüse und Früchte der Saison, die nicht nur auf Märkten, sondern auch am Straßenrand angeboten werden. Auf den Wochenmärkten gibt es zudem Kleidung und Waren des täglichen Gebrauchs.

Aloe Vera	hilft bei Sonnenbrand
kraafts markit	Kunstgewerbe- und Souvenirmarkt
wuud karwing	Holzschnitzerei (Masken, Tiere, Statuetten, Stöcke)
brydz	Zöpfe im Afro-Stil *(seit Bo Derek bei Touristen in Mode)*
tarn	rot-gelb-grüne Strickmütze
kalabash	Essgeschirr und Rasseln aus getrockneter Kürbisschale
hasslah	Jemand, der mit allem möglichen handelt, legal und weniger legal.
higglah	Fliegende Händler, die in- und ausländische Ware vertreiben.
h'expensiv	teuer
chiep-chiep	billig, preiswert
sell-aaf	ausverkauft
offah	Angebot
bargin	handeln, gutes Angebot
bargin haard	unnachgiebig
gud diehl	handeln, gutes Geschäft

Whé mi kjan get...?
Wo ich können bekommen..?
Wo gibt es...?

Wha di prais ah di buk?
Was der Preis von die Buch?
Wieviel kostet das Buch?

Hau-motsch fi dat?
Wieviel für das?
Wieviel kostet das?

Kot dong di prais, maan.
Schneid herunter den Preis, Mann
Gehen Sie mit dem Preis runter.

Juh tiief mi.
Du/Sie bestehlen mich
Du raubst/Sie rauben mich ja aus.

Mi nah bai, maan, di móni tait.
Ich nicht kaufen, Mann, das Geld eng
Ich kauf nichts, das Geld ist knapp.

Unterwegs ...

Eine preiswerte und erlebnisreiche Art des Herumreisens in Jamaika ist die Fahrt mit Überland- oder Minibussen. Sie haben feste Routen und tragen fantasievolle Namen. Die Busse halten an vorgeschriebenen Haltestellen oder auf Anforderung der Passagiere, weswegen eine Fahrt u. U. sehr lange dauern kann.

... mit Bussen

Den Marktfrauen und Händlern dienen die Überlandbusse als Transportmittel für Waren, die sich häufig meterhoch auf den Bussen stapeln. Minibusse fahren rasanter. Der Platz ist hier sehr beengt und die Kleinbusse haben wenig Ladefläche. Deshalb sollte man für Gepäck, was nicht auf den Schoß passt, einen extra Platz lösen.

Will man einen Bus auf offener Straße anhalten: Arm herausstrecken und mit flacher Hand nach unten schlagen. Will man aus einem Bus auf offener Strecke aussteigen, durch den Bus rufen: **Woan stap, draivah** oder **Let-aaf, draivah.**

Ankunft in Kingston

Bei der Ankunft vom Landesinneren in Kingston empfiehlt es sich auf alle Fälle, mit einem

Taxi zum Hotel oder zu der Unterkunft zu fahren. In der Hauptstadt sind nahezu alle Busse überfüllt und es wird Schwierigkeiten mit dem Transport des Gepäcks geben.

...mit dem Flugzeug

Teurer ist eine Reise mit dem Flugzeug. Insel-Kurzflüge können bei der **Trans Jamaican Airlines** gebucht werden.

Neben den zwei internationalen Flughäfen in Kingston und Montego Bay gibt es nationale Flughäfen in Port Antonio, Bos-cobel Beach, Kingston, Montego Bay und Negril.

Whe di bass-stap deh?
Wo die Haltestelle ist?
Wo ist die Haltestelle?

When di bass liiev?
Wann der Bus abfahren?
Wann fährt der Bus ab?

Whe mi kjan put di loggitsch?
Wo ich kann stellen das Gepaäck?
Wo passt das Gepäck hin?

Di bass lef mi.
Der Bus verlassen mich
Ich habe den Bus verpasst.

Mi waan fi bai ah ticket ah Montego Bay.
Ich wollen zu kaufen ein Ticket nach Montego Bay
Ich möchte ein Ticket nach Montego Bay.

Mi buk dis-yah sziet fram lang taim.
Ich buchen diesen-hier Platz von lange Zeit
Ich habe diesen Platz reserviert.

When di bass riietsch Taun?
Wann der Bus ankommen Stadt?
Wann kommt der Bus in Kingston an?

Hau mi riietsch di airport?
Wie ich ankommen die Flughafen?
Wie komme ich zum Flughafen?

...als Selbstfahrer

Selbstfahren auf Jamaika ist eigentlich nur etwas für Leute mit guten Nerven und schneller Reaktion. In und um den Ortschaften spielt sich das Leben auf der Straße ab, sie ist Treffpunkt und Handelsplatz in einem. Vorsicht auch vor Ziegen und Kühen, die manchmal ganz unvermittelt auf der Straße entlangwandern. In den Bergen sind einige Straßen sehr schmal und winden sich in scharfen Kurven. Ganz besonders muss man auf Schlaglöcher achten. Sie können, besonders wenn sie von Regen gefüllt und damit nicht sichtbar sind, recht gefährlich werden. Unbetonierte Wege im Landesinneren sollten eigentlich nur diejenigen befahren, die schon an der Rallye Paris-Dakar teilgenommen haben. Scharfkantige Steine, glitschige Flächen, Sandböden, tiefe Löcher, fehlende Wendemöglichkeiten sind nur einige der manchmal unüberwindlichen Hindernisse.

baik	Motorrad
karnah	Ecke
kjar	Auto
krahssing	Kreuzung
baizikl	Fahrrad

Whé mi kjan rent ah baik/kjar/baizikl?
Wo ich kann mieten ein Motorrad/Auto/Fahrrad?
Wo kann ich ein Motorrad/Auto/Fahrrad mieten?

Whá-baut h'inshuranz?
Was- um Versicherung?
Was ist mit der Versicherung?

di mekanik deh?
Wo der Mechaniker ist?
Wo ist ein Mechaniker / eine Werkstatt?

Di roud full ah rakstoun.
Die Straße voll von spitzen-Steinen
Die Straße ist voller scharfkantiger Steine.

Fachbegriffe um das Auto herum

battri	Batterie
briek	Bremse
draivah	Fahrer
gier	Gang
honk	hupen
radi&ah	Kühler
klotch	Kupplung
bompah	Stoßstange
boddi	Karrosserie
trock/larri	Lastwagen
h'enshin	Motor
eil	Öl
tai'r	Reifen
fill op	füllen
gas	Kraftstoff
spied	Geschwindigkeit
step on it	gib' Gas
taiáh	Reifen

Für Touristen ist es nicht üblich, als Anhalter durch Jamaika zu reisen. Es ist möglich, Autos, Motorräder oder Fahrräder zu mieten. Einen Mietwagen gibt es ab ca. US $ 300 pro Woche. Als Kaution werden US $ 1000 gefordert, die mit einer Kreditkarte bezahlt werden können. Das Mindestalter beträgt 25 Jahre und der Mieter muss im Besitz eines internationalen Führerscheins sein.

Ein kleines Motorrad, z. B. eine Honda 50, kostet ca. US $ 20 pro Tag, und Fahrräder gibt es ab ca. US $ 3 pro Tag.

Auf Jamaika herrscht Linksverkehr, in den Ortschaften ist die Geschwindigkeit auf 48 km/h (30 miles) und auf der Landstraße auf 80 km/h (50 miles) begrenzt.

Achtung: Das Fehlen von Hinweisschildern schützt, im Falle einer Geschwindigkeitskontrolle nicht vor einer Geldbuße!

Beim Arzt

Tropenkrankheiten kommen auf Jamaika nicht mehr vor. Wasser kann unbedenklich getrunken werden. Quellwasser ist rein und das gesamte Leitungswasser ist gechlort und gefiltert.

In den Hauptstädten gibt es Apotheken und Krankenhäuser und in den großen Gemeinden ambulante Behandlungsstellen. Große Hotels an der Nordküste beschäftigen eine Krankenschwester. Arztbesuche sind kostenpflichtig. Bei den regulären Ärzten, die in der Regel einen Teil ihrer Ausbildung in Amerika oder England absolviert haben, wird Englisch gesprochen.

fiiel sick	sich krank fühlen
mi ketch kold	Ich habe mich erkältet.

Mi sick aalmos' tu dehd.
Ich krank fast zu Tod
Mir geht's hundeelend.

Whá juh sick wid?
Was Du/Sie krank mit?
Woran bist Du/sind Sie erkrankt?

Mi fuut ah haat mi.
Mein Bein gerade schmerzt mich
Mein Bein tut weh.

Wenn ein Körperteil schmerzt, kann dies stets mit **„Mi... ah haat mi"** ausgedrückt werden:

Mi hehd ah haat mi.
Mein Kopf gerade schmerzt mich
Ich habe Kopfschmerzen.

belli	Bauch
han'	Arm, Hand
tuet	Zahn/Zähne
jai	Auge
fuut	Bein
fuut-battam	Fußsohle
ches'	Brustkasten

Main' juh haat juself.
Achten Du verletzen Dich-selbst
Pass auf, dass Du Dich nicht verletzt.

Mi kjaan bier di haat.
Ich kann nicht-ausstehen die Schmerzen
Ich kann die Schmerzen nicht aushalten.

pharmazi	Apotheke
hospit'l	Krankenhaus
health center	*(engl.)* ambulante Behandlungsstation
baarmjard	traditionelles Heilzentrum
doktah	Arzt
bush doktah	Heiler, Wahrsager, Okkultist
bush hörb	wilde Heilkräuter
bush bad	Bad aus wilden Heilkräutern
baarm madda	Heilerin

dentist	Zahnarzt
nörs	Krankenschwester
riiedin'	Diagnose beim **bush doktor** oder bei der **baarm madda**
riied op	diagnostizieren
sick	krank, unwohl
kranki-kranki	kränklich
fiievah	Fieber
kold, sainus	Erkältung
dopi	Geist einer verstorbenen Person, der Krankheiten verursacht
maskito bait	Mückenstich
son börn	Sonnenbrand
trimbl	zittern
singl baibl	Aloe Vera
floxi kompleyn	Durchfall (von unreifen Früchten)
ronning belli	Durchfall
itch	Hautkrankheit
hevi ches'	Beschwerden der Atmungsorgane

Auf dem Land liegt die medizinische Versorgung häufig in den Händen von einem **bush doktah** oder einer **baarm madda.** Hier ist **Patwah** angebracht. Beide kennen sich im pharmakologischen Gehalt von Pflanzen aus und wenden sie naturheilkundlich an.

Diese traditionellen Ärzte beziehen ihr Wissen aus der Volksmedizin, die eng mit der Religion verknüpft ist. Die zumeist rituell durchgeführte Behandlung erfolgt sehr oft in

Verbindung mit einem christlichen Gebet. Doch da auch das seelische und spirituelle Wohlbefinden eine Rolle spielt, wenden die traditionellen Ärzte Pflanzen und Formeln an, die dem Glück ein bisschen nachhelfen, die Potenz stärken, vor den Unbillen des Lebens schützen und sie werden, auf Anfrage, weitere Lebenshilfe geben, indem sie in die Zukunft schauen.

Bei Moskitostichen und Sonnenbrand hilft das Gel einer frischen Aloe Vera. Räucherspiralen (keils), die es überall zu kaufen gibt, vertreiben Mücken. Es gibt aber auch das im Land hergestellte **Bunny,** eine Flüssigkeit zum Einreiben, die Mücken abstößt.

Einige Zeilen aus einem Gedicht von Louise Bennett sollen die Anwendung der „Busch-Medizin" verdeutlichen. Sie sind zugleich ein Beispiel dafür, in welcher Form **Patwah** in Englisch geschrieben werden kann. Der folgende Abschnitt ist nicht in deutsche übertragen oder übersetzt worden, so dass der eigenen Übersetzung nichts im Wege steht.

Dopi cho-cho wi' wash whe bad-luck.
Susumba leaf, susumba pill wi'
wash out yuh system.
Ginger root and mint tea
fi gas and flatulence.
Broom weed and periwinkle fi palpation.
Bitter Cerassee can cure nearly everyting.
Chainly root and strong back
wi'giv yuh stamina.

cho-cho	Gemüse, dem Kohlrabi ähnlich
wash whe	wegwaschen
bad-luck	Unglück
susumba	Gemüse, der Gurke ähnlich
leaf	Blatt
pill	Tablette
wash out	auswaschen, reinigen
system	hier: innerer Körper
ginger	Ingwer
root	Wurzel
mint	Pfefferminze
tea	Tee
gas	Luft
flatulence	Blähungen
broom weed	Strauch, zur Herstellung von Besen.
periwinkle	Immergrün
palpation	Blähungen
bitter	bitter
cerassee	Rebenblätter
cure	heilen
Chainly root	Samenkörner
strong back	Tee aus potenzfördernden Pflanzen
stamina	Kraft, sexuelle Potenz

Ämter und Behörden

Mit Behörden hat man als Tourist in der Regel nichts zu tun, es sei denn, die im Reisepass eingestempelte Aufenthaltsdauer soll verlängert werden, man ist bestohlen worden, die Polizei hat bei einer Kontrolle Ganja (Marihuana) gefunden, man war in einem Unfall verwickelt oder hat die Geschwindigkeitsgrenze übertreten.

Die Amtssprache ist Englisch. Man sollte bei einem Behördengang angemessene Kleidung (keine Shorts) tragen.

Der Aufenthalt wird von einem **Immigration Officer** verlängert, die Polizei gibt Auskunft darüber, wo er zu finden ist.

Trotz der anscheinend laxen Handhabung von Marihuana ist der Gebrauch verboten und kann deftige Geldstrafen und sogar Gefängnis nach sich ziehen.

di polis deh?
Wo die Polizei ist?
Wo finde ich die Polizei?

Plies help, mi innah trabbl.
Bitte helfen, ich in-die Schwierigkeiten
Helfen Sie bitte, ich habe Ärger.

h'extend	verlängern
stey	Aufenthalt
passport	Ausweis
tiief	stehlen, klauen
tiief	Dieb, Diebin
rob	rauben
riép	vergewaltigen
stab	mit dem Messer angreifen
attack	angreifen
bruk in	einbrechen
maschit/Kotlass	Machete
ratchit	Klappmesser
box dong	niederboxen
lick	schlagen
lick dong	überfahren
h'eskep	verschwinden
prisón	Gefängnis
szell	Zelle
kon man	Betrüger
kon uman	Betrügerin
schinnál	Betrüger, Betrügerin
laiárd	Lügner
kie	Schlüssel
móni	Geld
rieport	Bericht
Mek hies!	Beeilung!, Beeilt Euch!
h'akzident	Unfall
h'inshuranz	Versicherung
tau whey	abschleppen
rejitaal kjar	Mietwagen

Kommunikation & Neue Medien

In den großen Städten und in Touristenzentren ist das Post- und Fernmeldewesen relativ gut ausgebaut. Es gibt öffentliche Telefonzellen, in der Regel handelt es sich hier um Kartentelefone. Karten können in Drogerien **(pharmacy),** an Tankstellen und in Supermärkten gekauft werden. Auf der Rückseite der Karten befindet sich eine Stelle, die frei gerubbelt werden muss. Die Nummer, die erscheint, wird angewählt und eine automatische Ansage gibt die Zeit an, die vertelefoniert werden kann. Für die Reisenden, die länger in Jamaika bleiben, ist **Cable & Wireless** (http://www.cwjamaica.com) eine interessante Adresse; hier können Mobiltelefone **(Cellular)** gemietet werden.

Das Jamintel-Büro in Kingston bietet zu den üblichen Öffnungszeiten einen Fax-Service an.

Postämter öffnen Montag bis Freitag von 8:30 bis 16:30 Uhr, hier können auch Telegramme aufgegeben werden.

© p80, fotolia.com

In dringenden Fällen, wenn ein Fax oder eine E-Mail versandt bzw. empfangen werden muss, ist es unter Umständen auch möglich, sich an die Handelskammern (Chamber of Commerce) oder großen Hotels zu wenden. Internet-Cafés entstehen in Kingston, einige Einkaufszentren in Kingston bieten Internet-Zugang an.

Hier sollte die sich die Sprache am Englischen orientieren. Das so genannte „deep Patois“ könnte zu der scherzhaften Äußerung führen:

De white man / woman mussa been
in de sun far too long!

Auf dem Land hingegen ist die Versorgung mit moderner Telekommunikation nicht gut ausgebaut. Viele Einheimische haben jedoch selbst ein Handy.

Country people a carry water and wood pon dem head
and cell phone 'pon dem waist.
Das Landvolk trägt Wasser und Holz auf dem Kopf
und ein Handy in der Tasche.

Whé mi kjan mek telephone call?
Wo ich kann machen anrufen?
Wo kann ich anrufen?

Wh-whé mi kjan bai di telefone card?
Wo ich kann kaufen die Telefonkarte?
Wo kann ich eine Telefonkarte kaufen?

Einige nützliche Redewendungen

Mi kiaan 'elp juh wid dat prablim.
Ich kann nicht helfen dir mit diesem Problem.
Ich kann dir dabei nicht helfen.

Juh nah don yet?
Du nicht fertig noch?
Wann bist du damit fertig?

Mi bock up mi toe.
Ich angehauen meinen Zeh.
Ich hab meinen Fuß verletzt.

Mi bock up 'pon him inna di (rum) shop.
Ich getroffen ihn im Laden.
Ich hab' ihn im Laden getroffen.

Is juh kawz de accident.
Sie verursachen den Unfall.
Sie haben den Unfall verursacht.

No Sah (officier), him bock up into mi car.
Nein, mein Herr, (Herr Polizist). Er ist aufgefahren.

Literatur

Cassidy, F.G. undLePage, R.B.
A Dictionary of Jamaican English.
Cambridge University Press, 1967 (in Universitätsbibliotheken)
University of the West Indies, 2. Aufl. 2003 (ISBN 9766401276)

Habekost, Christian
Dub Poetry. Buchverlag Michael Schwinn, Neustadt, 1986
(ISBN 3925077073)

Michels, Peter M.
Rastafari. Trikont Verlag. München, 1979
(ISBN 3881670572)

Reggae und Karibik. Materialien Nr. 18.
Deutscher Volkshochschul-Verband e.V., Bonn, 1982

Tucker, Gil
Teer und Tempel.
Unionsverlag. Zürich, 1980 (ISBN 3293000185)

White, Timothy
Bob Marley, Reggae, Rastafari.
Heyne-Verlag. München, 1983 (ISBN 3453350367)

Jamaica verstehen, erhältlich beim „Studienkreis für Tourismus e.V.", Kapellenweg 3, D-82541 Ammerland. Viele Hintergrundinformationen auf etwa 50 Seiten für € 3,40. Sollte man sich unbedingt schicken lassen.
[http://www.sympathiemagazin.de]

Literatur

In Jamaika erhältlich sind kleine Büchlein, die auf witzige und humorvolle Art Jamaika, seine Bewohner und ihre Sprache beschreiben. Alle bei Jamrite Publications erschienen:

How to be Jamaican, 1987

How to speak Jamaican, 1981

Hustling Jamaican Style, 1989

Guy Kennaway: **One People.** (ISBN 978-0-86241-719-2)

Mark Conklin: **Banana Shout.**
Fusion Press (ISBN 978-1-928704-73-7)

Barry Cevannes: **Rastafari and other African-Caribbean Worldviews.**
Rutgers University Press, New Brunswick, New Jersey (ISBN 978-08135-2412-2)

Olive Senior: **Das Erscheinen der Schlangenfrau.**
Longman Group Limited
(ISBN 978-3-7638-0354-5)

Millard Faristzaddi: **Itations of Jamaica and i Rastafari.**
(Ins Deutsche übertragen von Rainer Epp)
Rogner & Bernhard, München
(ISBN 978-3-8077-0197-4)

Rainer Bratfisch: **Das große Reggae Lexikon.**
Schwarzkopf & Schwarzkopf
(ISBN 978-3-8960-2516-6)

A

abends iveling
aber bot
abfahren liiev
abschleppen tau-whey
Aids heyz
Akzent twang
alle aal
alle, zu Ende don
Alles in Ordnung. I-rie
Alles in Ordnung? aalrait?
Alles in Ordnung? airi?
Alles klar! airi!
Aloe Vera alo vera
Aloe Vera-Blatt singl baibl
als (Vergleich) dan
alte Menschen oul-taim piepl
am härtesten haardis
am kleinsten likkis
Ananas pain
anerkennen riispek
angeben bragg
Angebot offah
Angelegenheit biznis
ankommen riietsch
anpflanzen groh
anmaßend feyzti
anschauen kuu
anständig proppa
Apfelsine arinsh
Apfelsine I-rinsh
Apotheke pharmazi
Arawak Arawak
Arbeit, arbeiten work
Ärger trabbl
ärgern vex
Ärgernis, Verdruss badda-reschán
Argumente austauschen riesón
argumentieren riesóning
arm puur
arrogant nais
Arroganz pomp en praid
Arzt doktah
Arzt, Heiler bush doktah
auf dem Land kontri-said
Aufenthalt stey
aufessen iiet aaf
aufessen njam-aaf
auffüllen fill op
aufhören, anhalten stap
aufrichtig apfull
aufrichtig h'onest
Aufrichtigkeit apfullness
aufstehen gitop
aus aut
aus der Fassung bringen fiiel-a-whey
ausbrechen bruck luus
Ausdruck des Widerwillens choo!
ausgehen sporting
aushalten bjér
Ausland farihn
ausruhen res'
außen autsaid
aussteigen let-aaf
ausverkauft sell-aaf
Auto kjar
Autobus bass
Avokado per

B

Backbananen plantn
Bad aus wilden Kräutern bush bad
bald suun
bald suun kam
Batterie battri
Bauch belli

Wörterliste Deutsch-Patois

Bauchschmerzen belli-kotting
Bauer farmah
baufälliges Haus, Hütte ratta-kaasl
Baum trie
bedeutungsvoll kruschaal
Beeil' Dich! mek hiés!
befriedigen satisfai
Bein, Fuß fuut
beinahe aalmos'
beisammen tu-gedda
beißen bait
Benehmen, Verhalten manners
bereits areddi
Bericht rieport
berühren, anfassen totsch
Beschwerden der Atemorgane hevi ches'
beschweren kwarill
besser bettah
bestens, super, ok kuul
bestimmen kantrohl
bestimmen ron
bestürzt sein fiiel-a-whey
besuchen check
Besucher visitah
betrügen kon
Betrüger kon man
Betrüger schinnál
Betrügerin kon uman
betrügerisch samfai
betteln beg
Bettlaken linnen
Bettlaken shiet
bewegen muuv
Bibel baibl
billig chiep
bis so-till
bitte du
bitte plies
bitten beg
Bohnen piies
bös anmachen (mit Worten) roff op
bösartig bad-maindid
bösartig wickid
Bösartigkeit wickidness
braten frai
brechen bruk
Bremse briék
brennen, verbrennen börn
Brief letta
bringen bring-kam
Brotfrucht bredfrut
Brotkügelchen schonni bred
Bruder bradda
Brüder breddren
Brüder I-dren
Brustkasten ches'
Buch buk
buchen buk

C D

cool I-rie
Curry körri
damals fos taim
damals innah dem dey
damals woans-a-taim
Dame Ma'am
Dame (Anrede) Liédi
danke tanks
darüber baut
das di
das (Relativpron.) whey
dass seh
davor frontn
Dein fi-juh
denken tink
der di
deshalb mek
deshalb, deswegen tru dat
deswegen mek
Diagnose (trad.) riiedin'
diagnostizieren riied op
Dialekt daiálekt
die di
die ganze Zeit aal di wail
Dienst, Bedienung sarvis
Dienstag Chjusdi
diese/hier dem-jah
dieses dis
Dinge, die passieren ronnings

Dinge, Sachen sit'n
Disziplinlosigkeit slackniss
Dollar dalla
Domen makka
dort deh
dort deh-so
draußen autsaid
drei tri
Du selbst juhself
du, Sie (Pl), Ihr, ihr juh
dumm fuul-fuul
dumm h'ignorant
dümmlich loggi-loggi
dunkel daark
Durcheinander bangarang
durcheinander-bringen, mischen miks op
Durchfall floxi kompleyn
Durchfall ronning belli
dürr, dünn maaga
Dusche schauer

E

Ehefrau waif
Ehemann hosban'
ehrlich h'onest
Eidechse lizard
Eigenarten antiks
Eimer bokit
ein anderer anadda
ein Viertel kwaata
ein weiterer anadda
ein, -e, -er, -es woan
einbrechen bruk in
einfangen ketsch
Einheimische, -r jardie
einmal woan taim
Einssein juniti
Ende h'ending
eng, knapp tait
englisch h'inglisch
Entschuldigung h'exkjus
Entschuldigung pard'n
entwickeln divelopp
er, sie 'im
erinnern rimain
erinnern rimembah
Erkältung flu
Erkältung kold
Erkältung sainus
Errol I-Rol
erschöpft taiád
erste fos
erstklassig stuusch
ertragen bier
erzählen tell
es it
Es ist spät. it liét
Esel danki
essen iiet
Essen, essen njam
etwas sinting
etwas somting
etwas sop'm
etwas später likkl mor
euer fi-juh
euer, -es, -e fi-unu
eure, -s fi-juh
Exkremente, Kot du-du

F

fahren draiv
Fahrrad baizikl
falsch rong
falscher Liebhaber samfai lova
Familie fambli
Familie d. Mutter mi madda piepl
Familie d. Vaters mi faada piepl
fangen ketsch
fast aalmos'
faul liézi
feige, Feigling kauard
feige, unterwürfig licki-licki
feste Freundin swiethart
feucht, nass wet
Feuer faiáh
Fieber fiiewah
Film flim
finden fain
Fisch fisch

Flasche bokkl
flegelhaft auta-orda
fliegende Händler higglah
fliehen h'eskep
fluchen, schimpfen treysz
Flughafen h'erport
Fluss ribah
Fluss rivah
fortfahren goan
Foto pickcha
fragen aks
Frau uman
Frau (Anrede) Daata
Frau (Anrede) Missis
frech feyzti
frech renk
Fremdenführer turgaid
Freund baddi
Freund fren'
Freundin daata
Freundin Kwiien (Rasta)
Freundin sista
Frieden pilez
frisch kriss
froh glad
Frucht ginepp
Frucht jackfrut
Frucht nasberri
Frucht saur sop
Frucht swiiet sop
Frucht, feigenähnl. tamarind
früh hörli
früh morgens suun ah maarning
früher oul-taim
Fürchterlich! choo!
Fußmarsch waak
Fußsohle fuut-battam

G

Gang gier
geben giv
geben gi'
geben, reichen paas
Gebet, Lob l-sis
Gebet, Lob priésis
geboren baarn
gebraten frai
Gebüsch, Dickicht grang-grang
Gefängnis prisón
Gefängniszelle szell
gegangen gaan
Geh' dorthin! godeh!
gehen go
gehen, laufen waak
geht in Ordnung aalrait
Geistergestalt dappi
Geistergestalt dopi
geizig, unfreundlich kobitsch
Geld moni
Geld, schwerverdient haard móni
Gemüse acki
Gemüse (ähnelt Chinakohl) pak choi
Gemüse, spinatähnlich l-lallu; kallalu
Gemüseteigtasche jatti
genug noff
Gepäck loggitsch
Gericht ron-dong
geröstet roas'
Gerüchte rumór
Geschäft biznis; diehl; shap
Geschwindigkeit spied
Gesetz laa
gestern jesaid
gesund l-tal
gesund straang
Getränk drink
Gewalt vailenz
Gewürzpfeffer pimentah
gleich/ -berechtigt iikwal
Gleichheit ekwiti
Gleichheit l-kwaliti
glücklich, froh happi
Glühwürmchen piieni-walli
Gott Jah
Gott schütze dich Jah gaid!
Gott schütze dich! gaidanz!
Gott sei mit dir! Jah gaid!
groß big
groß, lang taal

Großvater faada-faada
Gruppe, Bande possi
Guava-Frucht guawa
gut sgud
gut well
Gute Fahrt! draiv gud!
gutes Angebot bargin
gutes Geschäft gud diehl

H

Haar h'er
Haartracht der Rastafari locks
haben gat
haben hav
habgierig red-ai
Hallo! aalright!
Hallo! hai!
Haltestelle bass-stap
Hand, Arm han'
handeln bargin
Händler, nicht offizieller hasslah
hart haard
härter haarder
hässlich ogli
Hau' ab back whey!
Hau ab! kirr-aut!
häufig, oft mor taim
Haus haus
Haus, Hof jard
Hautkrankheiten itch
heilen baarm
Heilerin baarm madda
heilig divain
heilig I-vain
Heilzentrum baarm jard
heiß hott
hell brait
heraus aut
Herr (Anrede) Mistah
herum baut
heute tidey
Hexe witsch
hier jah
hier jah-so
Hilfe help
hinfallen, fallen faaldong
hinstellen, -legen pu-dong
hinterhältig samfai
Hitze hiet
hochnäsig stuusch
höhnischer Blick kot ai
Holzschnitzerei wuud karwing
Homosexueller batti-man
Honig honni
hören hiier
hören jerri
hübsch pritti
Huhn chickin
Hühnchenteile, geröstet jerked chicken
Hund daag
Hundert hondred
Hunger hongri
hupen honk

I

ich ah
ich ai
ich I & I (Rasta)
ich I-man
ich, mein mi
Idiot idiát
Ihr (Plural) unu
Ihr, es fi-dem
ihr, es fi-shi
immer éwah
immer I-vah
in, innen, drinnen innah
"in" sein hott
infolge von bikaaz
Ingwer ginger
innen, drinnen insaid
Inspektor spektah
Instrument (Kuhhorn) abeng
irgendwo h'enni-whé
ist (Ortsbez.) deh
ist, bist, sind is

J K

Ja Mann! jeh maan!
Jahr jier

Jamaika Jah-mek-jah (Rasta)
jemand smaddi
jene/dort dat-deh
jene/dort dem-deh
jenes dat
jetzt nau
jucken itch
Jugendlicher juud
Junge buoi
Kaffee kaafi
Kakaugetränk chaklit
Kalabasse kalabash
kalte Schulter zeigen kot ai
Kamera kamarah
kämpfen fait
Karosserie boddi
Kartoffel pitetah
Kassava-Pfannkuch. bammi
Kassavawurzel kassawa
Katze puss
kaufen bai
keiner nan
Kellner weytah
Kellnerin weytriss
Kerosin kerosin
Kerze kendl
Kind chail
Kind pickni
Kinder Gottes Jah children
Kingston Taun
Kirsche cherri
Klappmesser ratschid
Klatsch su-su
klein, schmal smaal
Kleine, -r shaartie
kleiner likka
kleiner trockner Kuchen bulla bred
Klos dampling
klug brait
klug, gewitzt klevah
knipsen tek ah pickcha
Kochbananen beil banana
kochen kuck
kochen, gekocht beil
Kokusnuss drednat (Rasta)
Kokusnuss kuoknat
kommen kam
kommen kom
kommen kumm
Kondome robbah
können kjan
können, dürfen maita, mey
konnte, könnte kuda
Kopf hehd
Körper strak-cha
korrekt proppa
korrupte Welt Babylon (Rasta)
kosten kaas'
Krach naiz
Kraftstoff gas
krank, unwohl sick
Krankenhaus hospit'l
Krankenschwester nörs
kränklich kranki-kranki
Kräutersaft ruuts-drink
Kräutertee bush ti
Kreuzung krahssing
Kuh kau
Kühler radiétah
Kultur koltcha
Kunstgewerbemarkt+ kraafts maakit
Kupplung klotch
Kürbis pampkin
kurzhaariger Mann baalhed (Rasta)

L

lachen laaf
Land, Boden land
lange lang taim
langes Haar taal h'er
langsam loggi-loggi
Lärm naiz
lassen mek
Lastwagen larri
Lastwagen trock
laut laud
laut rufen bahl aut
Leben laif
leben liv
lebensspendend I-tal
lehren tiiech
Lehrerin tiicha
leicht, einfach iiesi
Leid saffa-reschán

leid tun sarri
Leroy I-Roy
Lesbe lesbián
lesen riied
letzte, -r, -s laas
letztendlich égen
letztes Jahr laas jier
lieben, Liebe lov
Lied song
Liedtexte liriks
Limonade wosch
Lüge, lügen lai
Lügner laiárd

M

machen mek
Machete kotlaas
Machete maschit
Mach's! dwiit!
Madam (Anrede) Ma'am
Mädchen gjal
manchmal samtaim
manchmal somtaim
Mango mango
Mann maan
Mann mit Einfluss big man
Mann mit langem Haar dredlock
männliche Pflanze hi-plant
Marihuana ganscha
Marihuana kaja
Marihuana-Zigarette spliff
Markt maakit
Maulesel mjuul
Mechaniker mekanik
mehr mor
mehr als (Vergleich) mor dan
mein fi-mi
mein Herr Sah
meine Familie mi piepl dem
meistens muosli
messen mescha
Michael I-Kel
Mietauto rentaal kjar
mieten rent
Minute minit
misshandeln brutalaiz
mit wid
Mitfahrgelegenheit lift
mitnehmen kjarri
Mittagszeit nuun
mögen laik
Montag Mandi
morgen tumarroh
morgens maarning taim
Motor h'enshin
Mottorrad Daik
Mücke maskito
Mückenstich maskito bait
müde taiád
Müll robbish
Mungo monguus
mürrisch, verärgert kraas
Musik muzik
Musik von früher oul-taim musik
Muskatnuss notmeg
müssen haffi
müssten wuda haffi
Mutter madda
Mutter eines Kindes biébi madda

N

nach afta
nachahmen fallo fashn
nachdem afta when
nachdenken kanszidah
nächste, -r nex
Nacht nait
Nacht durchmachen bli-iech
Nacken neck-beck
nahe klos
nahezu nierli
Name niém
Narr fuul
nässen wet
nehmen tek
nein no
nett nais
neu njuh
nicht doan
nicht nah

nicht können kiaan
Nicht wahr? no tru?
Nicht wahr? no?
nicht wahr? siien? (Rasta)
nichts nattn
nie newah
niederboxen box dong
niedersetzen siddong
niemand nobadda
nirgends nowhé
nur ongl
nur so-so
nutzlos wotliss

O P

oberhalb tapsaid
oft, häufig plenti-taim
ohne widautn
Öl eil
ordentlich proppa
Papaya paapa
Pass auf Dich auf! tek-ker
passieren 'appen
Pastor pársn
Patentante goddi
Peter Piita
Pfefferschote skotch bonnet
Pille pörl
Plage badda-reschán
Platz, Ort pliés
Platz, Sitz sziet
pleite sein bruk
Po batti
Politik politricks
Polizei Babylon (Rasta)
Polizei polies
Polizist polies man
Polizistin polies-uman
Potenz stamina
Preis prais
preiswert chiep-chiep
Problem prablim
prüfen check

R

rasch kwick taim
Rasta dredman
Rastafari Rasta
Rastafari-Sprache Rasta-taak
Rastaman dredlock
Rastaman Kingman
Ratte ratta
rauchen smouk
Räucherspirale maskito keil
Rede spiiech
reden chatt
regelmäßig regularli
Regen reyn
Regierung gowament
reif raip
Reifen taiáh
Reis rais
Reisepass passport
rennen ron
reservieren buk
Rhythmus riddim
richtig, wahr rait
Rocker raffneck
Rocker raggamaffin
Rückständigkeit backwardness

S

Saft dschuus
sagen sey
Saison sziesón
salben baarm
Salz saal'
Samstag Satcherdi
Säugling biébi
Schaff' Dich weg! kirr-aut!
Schaffner daktah
Schalotten skeljan
scharf gewürzt hott
scharfkantige Steine rakstoun
Schau' her! kuu-jah!
schicken, senden sen'
schlagen lick
Schlange sniék
schlau, gewandt smaart
schlecht bad
Schlüssel kie

schmeicheln swiiet maud
Schmerz haat
schmutzig datti
schneiden kot
Schneiderin tiéla
schnell faas
schnell kwick
schon areddi
Schöpfer I-retah
Schöpfer kriétah
schreiben rait
schreien, weinen bahl
Schule skuul
schwanger briied
Schwangere belli-uman
schwarz black
Schwein pig
Schweinefleisch, gerö-stet jerked pork
schwer hevi
schwerfällig loggi-loggi
schwerhörig def-ier
Schwester sista
Schwestern sistren
Schwiegermutter madda-in-laa
Schwiegervater faada-in-laa
Schwierigkeiten trabbl
sehen luck, szieh
sehr bad
sehr gut gud-gud
seines, ihres fi-'im
seit langem fram lang taim
selten haadli
servieren, bedienen sörf,sarf
sich ängstigen fret
sich ärgern kraas
sich beklagen kwarill
sich beruhigen sekkl
sich erkälten ketsch kold
sich vergnügen sporting
sie shi
sie (Plural) dem
singen sing
singen, lobpreisen chant
Skorpion skarpián
sogar aal
sollten shuda
Sonnenaufgang dey kliien
Sonnenbrand san börn
Sonntag Sondi
spät liét
später liéta
Speichel maud-whatah
Speisekarte menju
Spinnenmann Ananzi
spirituell spiritid
sprechen chatt
sprechen, reden taak
Stadt taun
stark, kräftig straang
Steh auf! gitop!
stehlen tiief
stellen, legen put
stinken renk
Stockfisch saalfish
Stopp, stoppen stap
stören, ärgern badda
störrisch, halsstarrig def-ier
Stoßstange bompah
Straße roud, striiet
Straßenecke karnah
Streit bangarang
streiten fait, kwarill
streiten, fluchen kass
Strickmütze tarn
Strom h'elektriziti
Stunde auer
Sumpf, Morast marass
super hott, I-rie
super gekleidet dress fi kill
süß, reizend swiiet

T

Tag dey
Tagesanbruch dey kliien
Tante aanti
Tee ti
Teigtasche patti
teuer h'expensiv
Thymian taim
Tod dehd
Toilette rest-ruum, tailet
Tony I-ny
tot dehd
töten kill

Tourist turis
tragen kjarri
Tränen ai-whatah
träumen driem
treffen miiet
trinken drink
trocken drai
trotzig haard-ier

U

übel zurichten bed op
übel zurichten roff op
Übereinstimmung juniti
überfahren lick dong
überhaupt nicht non-ataal
überlegen kanszidah
übermorgen dey afta tumarroh
übertreiben bragg
um baut
unachgiebig handeln bargin haard
Unanständigkeit slackniss
unbedeutend dibbi-dibbi
unberührte Natur bush
und en
Unfall h'akzident
ungesalzen fresh
unordentlich chacka-chacka
uns, -er, -e, -ers fi-wi
unten, herunter dong
unter andah
Unterdrücker daun-pressah (Rasta)
unterhalb battamsaid
unverschämt feyzti

V

Vater faada
Vater eines Kindes biébi faada
veranlassen mek
verantwortlich sein rispons fi
verdorben rottn
vergeben forgiv
vergessen figet
verheiratet marrid
verlassen lef'
verletzen haat
verschlagen samfai
verschleudern (Geld) dasch-whey
Versicherung h'inshuranz
verstehen andastaan'
verstehen ova-staan (Rasta)
verwirren miks op
viel motsch
viel reden taak-taak
viel, -e, reichlich plentiful
viel, -e, -s noff
vier fohr
von fram
vor einiger Zeit somtaim back
vor ewiger Zeit whey-back
vorgestern befordey, fordey

W

wachsen groh
wahr, richtig tru
Wahrheit truut
Wahrsager bush doktah
warum whai, whá mek
was ah-whá
Wäsche wosch
Wasser whatah
Wasserpfeife chalis
wegen bikaaz
weggehen gaan-whey, liiev
wegnehmen tek-whey
wegwerfen dasch-whey
wegwerfen fling-whey
weibliche Pflanze shi-plant
weil bikaaz
weil, infolge von tru
weißer Mann backra
weit far
weit, lang lang
weitermachen gwoan
wenig likkl

wer hu, ah-hu, whey
werben check-fi
werden ah-go
werden wi'
werden (nahe Zukunft) gwain
werfen fling
wichtig kruschaal
wie hau
wie (Vergleich) lakka
Wie bitte? iing?
wie, was whá
wieder, noch einmal égen
wilde Heilkräuter bush hörb
willkommen wellkom
wir wi
wirklich riálli
wissen noa
wo whé, ah-whé, whé-paart
Woche wiek
wohin ah-whé
wollen waan
Wortgefechte treyszing match
würden wuda
würden nicht wudn
Wurzeln ruuts
wütend h'ignorant

Y Z

Yamswurzel jam
Zahn, Zähne tiiet
Zahnarzt dentist
zeigen shoh
Zeit taim
zerbrechen bruk op, masch
zerlumpt ragga-ragga
zerschlagen mash op
zerstören daun-stroi (Rasta)
Ziege shi-gout
Ziegenbock hi-gout
Zigarette zigarett
Zimmer ruum
Zitrusfrucht agli
Zöpfe breydz
zotige Lieder slack liriks
zu tu
zu viel tu-motsch
zu viel flirten flörti-flörti
zufrieden satisfai
zuhause jard
zur Ruhe kommen sekkl dong
zusammen tu-gedda
zweimal tu taim

Wörterliste Patois - Deutsch

A

al alle
al sogar
al di wail die ganze Zeit
almos' fast
almos' beinahe
alrait geht in Ordnung
alrait? Alles in Ordnung?
alright! Hallo!
anti Tante
abeng Instrument (Kuhhorn)
acki Gemüse
afta nach
afta when nachdem
agli Zitrusfrucht
ah ich
ah s. Verhältniswörter
ah-go werden
ah-hu wer
ah-whá was
ah-whé wohin
ah-whé wo
ai ich
airi? Alles in Ordnung?
airi! Alles klar!
ai-whatah Tränen
aks fragen
alo vera Aloe Vera
anadda ein anderer
anadda ein weiterer
Ananzi Spinnenmann

(Gestalt aus der Volksgeschichte)
andah unter
andastaan' verstehen
antiks Eigenarten
apfull aufrichtig
apfullness Aufrichtigkeit
'appen passieren
Arawak Arawak
areddi bereits
areddi schon
arinsh Apfelsine
auer Stunde
aut aus
aut heraus
auta-orda flegelhaft
autsaid draußen
autsaid außen

B

baalhed (Rasta) kurzhaariger Mann
baarm salben
baarm heilen
baarm jard Heilzentrum
baarm madda Heilerin
baarn geboren
Babylon (Rasta) korrupte Welt
Babylon (Rasta) Polizei
back whey! Hau' ab
backra weißer Mann
backwardness Rückständigkeit
bad schlecht; sehr
badda stören, ärgern
badda-reschán Ärgernis, Verdruss, Plage
baddi Freund
bad-maindid bösartig
bahl schreien, weinen
bahl aut laut rufen
bai kaufen
baibl Bibel
Daik Mottorrad
bait beißen
baizikl Fahrrad
bammi Kassava-Pfannkuch.
bangarang Durcheinander
bangarang Streit
bargin handeln
bargin gutes Angebot
bargin haard unnachgiebig handeln
bass Autobus
bass-stap Haltestelle
battamsaid unterhalb
batti Po
batti-man Homosexueller
battri Batterie
baut darüber, um, herum
bed op übel zurichten
befordey vorgestern
beg bitten
beg betteln
beil kochen, gekocht
beil banana Kochbananen
belli Bauch
belli-kotting Bauchschmerzen
belli-uman Schwangere
bettah besser
biébi Säugling
biébi faada Vater eines Kindes
biébi madda Mutter eines Kindes
bier ertragen
big groß
big man Mann mit Einfluss
bikaaz weil
bikaaz infolge von
bikaaz wegen
biznis Angelegenheit
biznis Geschäft
bjér aushalten
black schwarz
bliiech Nacht durchmachen
boddi Karosserie
börn brennen, verbrennen
bokit Eimer
bokkl Flasche
bompah Stoßstange
bot aber
box dong niederboxen
bradda Bruder
bragg übertreiben
bragg angeben
brait hell; klug
breddren Brüder
bredfrut Brotfrucht
breydz Zöpfe
briék Bremse

briied schwanger
bring-kam bringen
bruck luus ausbrechen
bruk pleite sein
bruk brechen
bruk in einbrechen
bruk op zerbrechen
brutalaiz misshandeln
buk Buch
buk reservieren
buk buchen
bulla bred kleiner trockner Kuchen
buoi Junge
bush unberührte Natur
bush bad Bad aus wilden Kräutern
bush doktah Arzt, Heiler
bush doktah Wahrsager
bush hörb wilde Heilkräuter
bush ti Kräutertee

C

chacka-chacka unordentlich
chail Kind
chaklit Kakaugetränk
chalis Wasserpfeife
chant singen, lobpreisen
chatt reden
chatt sprechen
check prüfen
check besuchen
check-fi werben
cherri Kirsche
ches' Brustkasten
chickin Huhn
chiep billig
chiep-chiep preiswert
Chjusdi Dienstag
choo! Ausdruck des Widerwillens
choo! Fürchterlich!

D

daag Hund
daark dunkel
Daata Frau (Anrede)
daata Freundin
daiálekt Dialekt
daktah Schaffner
dalla Dollar
dampling Klos
dan als (Vergleich)
danki Esel
dappi Geistergestalt
dasch-whey wegwerfen
dasch-whey verschleudern (Geld)
dat jenes
datti schmutzig
dat-deh jene/dort
daun-pressah (Rasta) Unterdrücker
daun-stroi (Rasta) zerstören
def-ier schwerhörig
def-ier störrisch, halsstarrig
deh dort
deh ist (Ortsbez.)
dehd tot
dehd Tod
deh-so dort
dem sie (Plural)
dem-deh jene/dort
dem-jah diese/hier
dentist Zahnarzt
dey Tag
dey afta tumarroh übermorgen
dey kliien Sonnenaufgang
dey kliien Tagesanbruch
di der, die, das
dibbi-dibbi unbedeutend
diehl Geschäft
dis dieses
divain heilig
divelopp entwickeln
doan nicht
doktah Arzt
don alle, zu Ende
dong unten, herunter
dopi Geistergestalt
drai trocken
draiv fahren
draiv gud! Gute Fahrt!
dredlock Mann mit langem Haar
dredlock Rastaman
dredman Rasta
drednat (Rasta) Kokus-

nuss
dress fi kill super gekleidet
driem träumen
drink Getränk
drink trinken
dschuus Saft
du bitte
du-du Exkremente, Kot
dwiit! Mach's!
égen wieder, noch einmal
égen letztendlich

E

eil Öl
ekwiti Gleichheit
en und
éwah immer

F

faada Vater
faada-faada Großvater
faada-in-laa Schwiegervater
faaldong hinfallen, fallen
faas schnell
faiáh Feuer
fain finden
fait kämpfen, streiten
fallo fashn nachahmen
fambli Familie
far weit
farihn Ausland
farmah Bauer
feyzti frech, unverschämt, anmaßend
fi s. Verhältniswörter
figet vergessen
fiiel-a-whey aus der Fassung bringen
fiiel-a-whey bestürzt sein
fiiewah Fieber
fill op auffüllen
fisch Fisch
fi-dem Ihr, es
fi-juh Dein
fi-juh euer
fi-juh eure, -s
fi-mi mein
fi-shi ihr, es
fi-unu euer, -es, -e
fi-wi uns, -er, -e, -ers
fi-'im seines, ihres
flim Film
fling werfen
fling-whey wegwerfen
flörti-flörti zu viel flirten
floxi kompleyn Durchfall
flu Erkältung
fohr vier
fordey vorgestern
forgiv vergeben
fos erste
fos taim damals
frai gebraten
frai braten
fram von
fram lang taim seit langem
fren' Freund
fresh ungesalzen
fret sich ängstigen
frontn davor
fuul Narr
fuul-fuul dumm
fuut Bein, Fuß
fuut-battam Fußsohle

G

gaan gegangen
gaan-whey weggehen
gaidanz! Gott schütze Dich!
ganscha Marihuana
gas Kraftstoff
gat haben
gier Gang
ginepp Frucht
ginger Ingwer
gitop! Steh auf!
gitop aufstehen
giv geben
gi' geben
gjal Mädchen
glad froh
go gehen
goan fortfahren
goddi Patentante
godeh! Geh' dorthin!
gouht Ziege

gowament Regierung
grang-grang Gebüsch, Dickicht
groh wachsen
groh anpflanzen
guawa Guava-Frucht
sgud gut
gud diehl gutes Geschäft
gud-gud sehr gut
gwain werden (nahe Zukunft)
gwoan weitermachen

H

haadli selten
haard hart
haard móni Geld, schwerverdient
haarder härter
haardis am härtesten
haard-ier trotzig
haat verletzen
haat Schmerz
haffi müssen
hai! Hallo!
han' Hand, Arm
happi glücklich, froh
hasslah Händler, nicht offizieller
hau wie
haus Haus
hav haben
hehd Kopf
help Hilfe
hevi schwer
hevi ches' Beschwerden der Atemorgane
heyz Aids
hiet Hitze
higglah fliegende Händler
hiier hören
hi-gout Ziegenbock
hi-plant männliche Pflanze
hörli früh
hondred Hundert
hongri Hunger
hongri hunger haben
honk hupen
honni Honig
hosban' Ehemann
hospit'l Krankenhaus
hott heiß
hott super
hott scharf gewürzt
hott "in" sein
hu wer
h'akzident Unfall
h'elektriziti Strom
h'ending Ende
h'enni-whé irgendwo
h'enshin Motor
h'er Haar
h'erport Flughafen
h'eskep fliehen
h'exkjus Entschuldigung
h'expensiv teuer
h'ignorant dumm
h'ignorant wütend
h'inglisch englisch
h'inshuranz Versicherung
h'onest ehrlich
h'onest aufrichtig

I

i es
I & I (Rasta) ich
idiát Idiot
iiesi leicht, einfach
iiet essen
iiet aaf aufessen
iikwal gleich/ -berechtigt
iing? Wie bitte?
'im er, sie
innah in, innen, drinnen
innah dem dey damals
insaid innen, drinnen
is ist, bist, sind
it es
it liét Es ist spät.
itch Hautkrankheiten
itch jucken
iveling abends
I-dren Brüder
I-Kel Michael
I-kwaliti Gleichheit
I-lallu Gemüse, spinatähnlich
I-man ich
I-ny Tony
I-retah Schöpfer

I-rie Alles in Ordnung.
I-rie super
I-rie cool
I-rinsh Apfelsine
I-Rol Errol
I-Roy Leroy
I-sis Gebet, Lob
I-tal lebensspendend
I-tal gesund
I-vah immer
I-vain heilig

J

jackfrut Frucht
Jah Gott
jah hier
Jah children Kinder Gottes
Jah gaid! Gott sei mit Dir!
Jah gaid! Gott schütze Dich
Jah-mek-jah (Rasta) Jamaika
jah-so hier
jam Yamswurzel
jard Haus, Hof
jard zuhause
jardie Einheimische, -r
jatti Gemüseteigtasche
jeh maan! Ja Mann!
jerked chicken Hühnchenteile, geröstet
jerked pork Schweinefleisch, geröstet
jerri hören
jesaid gestern
jier Jahr
juh du, Sie (Pl), Ihr, ihr
juhself Du selbst
juniti Einssein
juniti Übereinstimmung
juud Jugendlicher

K

kaafi Kaffee
kaas' kosten
kaja Marihuana
kalabash Kalabasse
kallalu Gemüse, spinatähnlich
kam kommen
kamarah Kamera
kanszidah nachdenken
kanszidah überlegen
kantrohl bestimmen
karnah Straßenecke
kass streiten, fluchen
kassawa Kassavawurzel
kau Kuh
kauard feige, Feigling
kendl Kerze
kerosin Kerosin
ketsch fangen
ketsch einfangen
ketsch kold sich erkälten
kiaan nicht können
kie Schlüssel
kill töten
Kingman Rastaman
kirr-aut! Schaff' Dich weg!
kirr-aut! Hau ab!
kjan können
kjar Auto
kjarri tragen
kjarri mitnehmen
klevah klug, gewitzt
klos nahe
klotch Kupplung
kobitsch geizig, unfreundlich
körri Curry
kold Erkältung
koltcha Kultur
kom kommen
kon betrügen
kon man Betrüger
kon uman Betrügerin
kontri-said auf dem Land
kot schneiden
kot ai höhnischer Blick
kot ai kalte Schulter zeigen
kotlaas Machete
kraafts maakit Kunstgewerbemarkt
kraas mürrisch, verärgert
kraas sich ärgern
krahssing Kreuzung
kranki-kranki kränklich
kriétah Schöpfer
kriss frisch
kruschaal wichtig

kruschaal bedeutungsvoll
kuck kochen
kuda konnte, könnte
kumm kommen
kuoknat Kokusnuss
kuu anschauen
kuul bestens, super, ok
kuu-jah! Schau' her!
kwaata ein Viertel
kwarill beschweren
kwarill sich beklagen
kwarill streiten
kwick schnell
kwick taim rasch
Kwiien (Rasta) Freundin

L

laa Gesetz
laaf lachen
laas letzte, -r, -s
laas jier letztes Jahr
lai Lüge, lügen
laiárd Lügner
laif Leben
laik mögen
lakka wie (Vergleich)
land Land, Boden
lang weit, lang
lang taim lange
larri Lastwagen
laud laut
lef' verlassen
lesbián Lesbe
letta Brief
let-aaf aussteigen
lick schlagen
lick dong überfahren
licki-licki feige, unterwürfig
Liédi Dame (Anrede)
liét spät
liéta später
liézi faul
lift Mitfahrgelegenheit
liiev abfahren
liiev weggehen
likka kleiner
likkis am kleinsten
likkl wenig
likkl mor etwas später
linnen Bettlaken
liriks Liedtexte
liv leben
lizard Eidechse
locks Haartracht der Rastafari
loggitsch Gepäck
loggi-loggi schwerfällig
loggi-loggi dümmlich
loggi-loggi langsam
lov lieben, Liebe
luck sehen

M

maaga dürr, dünn
maakit Markt
maan Mann
maarning taim morgens
madda Mutter
madda-in-laa Schwiegermutter
maita können, dürfen
makka Domen
Mandi Montag
mango Mango
manners Benehmen, Verhalten
marass Sumpf, Morast
marrid verheiratet
masch zerbrechen
maschit Machete
mash op zerschlagen
maskito Mücke
maskito bait Mückenstich
maskito keil Räucherspirale
maud-whatah Speichel
Ma'am Madam (Anrede)
Ma'am Dame
mek machen
mek veranlassen
mek lassen
mek deswegen
mek deshalb
mek hiés! Beeil' Dich!
mekanik Mechaniker
menju Speisekarte
mescha messen
mey können, dürfen
mi ich, mein
mi faada piepl Familie d. Vaters

mi madda piepl Familie d. Mutter
mi piepl dem meine Familie
miiet treffen
miks op durcheinanderbringen, mischen
miks op verwirren
minit Minute
Missis Frau (Anrede)
Mistah Herr (Anrede)
mjuul Maulesel
monguus Mungo
moni Geld
mor mehr
mor dan mehr als (Vergleich)
mor taim häufig, oft
motsch viel
muosli meistens
muuv bewegen
muzik Musik

N

nah nicht
nais nett
nais arrogant
nait Nacht
naiz Lärm
naiz Krach
nan keiner
nasberri Frucht
nattn nichts
nau jetzt
neck-beck Nacken
newah nie
nex nächste, -r
niém Name
nierli nahezu
njam Essen, essen
njam-aaf aufessen
njuh neu
no nein
no tru? Nicht wahr?
noa wissen
nobadda niemand
nörs Krankenschwester
noff genug
noff viel, -e, -s
non-ataal überhaupt nicht
notmeg Muskatnuss
nowhé nirgends
no? Nicht wahr?
nuun Mittagszeit

O

offah Angebot
ogli hässlich
ongl nur
oul-taim früher
oul-taim musik Musik von früher
oul-taim piepl alte Menschen
ova-staan (Rasta) verstehen

P

paapa Papaya
paas geben, reichen
pain Ananas
pak choi Gemüse (ähnelt Chinakohl)
pampkin Kürbis
pard'n Entschuldigung
pársn Pastor
passport Reisepass
patti Teigtasche
per Avokado
pharmazi Apotheke
pickcha Foto
pickni Kind
pig Schwein
piieni-walli Glühwürmchen
piies Bohnen
pilez Frieden
Piita Peter
pimentah Gewürzpfeffer
pitetah Kartoffel
plantn Backbananen
plentiful viel, -e, reichlich
plenti-taim oft, häufig
plies bitte
pliés Platz, Ort
pörl Pille
polies Polizei
polies man Polizist
polies-uman Polizistin

politricks Politik
pomp en praid Arroganz
possi Gruppe, Bande
prablim Problem
prais Preis
priésis Gebet, Lob
prisón Gefängnis
pritti hübsch
proppa anständig
proppa korrekt
proppa ordentlich
puss Katze
put stellen, legen
puur arm
pu-dong hinstellen, -legen

R

raahtid s. Redewendungen
raas s. Redewendungen
radiétah Kühler
raffneck Rocker
raggamaffin Rocker
ragga-ragga zerlumpt
raip reif
rais Reis
rait richtig, wahr
rait schreiben
rakstoun scharfkantige Steine
Rasta Rastafari
Rasta-taak Rastafari-Sprache
ratschid Klappmesser
ratta Ratte
ratta-kaas baufälliges Haus, Hütte
red-ai habgierig
regularli regelmäßig
renk frech
renk stinken
rent mieten
rentaal kjar Mietauto
rest-ruum Toilette
res' ausruhen
reyn Regen
riálli wirklich
ribah Fluss
riddim Rhythmus
rieport Bericht
riesón Argumente austauschen
riesóning argumentieren
riied lesen
riied op diagnostizieren
riiedin' Diagnose (trad.)
riietsch ankommen
riispek anerkennen
rimain erinnern
rimembah erinnern
rispons fi verantwortlich sein
rivah Fluss
roas' geröstet
robbah Kondome
robbish Müll
roff op bös anmachen mit Worten
roff op übel zurichten
ron rennen
ron bestimmen
rong falsch
ronning belli Durchfall
ronnings Dinge, die passieren
ron-dong Gericht
rottn verdorben
roud Straße
rumór Gerüchte
ruum Zimmer
ruuts Wurzeln
ruutsman s. Rasta-Taak
ruuts-drink Kräutersaft
ruuts-uman s. Rasta-Taak

S

saalfish Stockfisch
saal' Salz
saffa-reschán Leid
Sah mein Herr
sainus Erkältung
samfai verschlagen
samfai betrügerisch
samfai hinterhältig
samfai lova falscher Liebhaber
samtaim manchmal
san börn Sonnenbrand
sarri leid tun
sarvis Dienst, Bedienung
Satcherdi Samstag
satisfai zufrieden

satisfai befriedigen
saur sop Frucht
schauer Dusche
schinnál Betrüger
schonni bred Brotkügelchen
seh dass
sekkl sich beruhigen
sekkl dong zur Ruhe kommen
sell-aaf ausverkauft
sen' schicken, senden
sey sagen
shaartie Kleine, -r
shap Geschäft
shi sie
shiet Bettlaken
shi-gout Ziege
shi-plant weibliche Pflanze
shoh zeigen
shuda sollten
sick krank, unwohl
siddong niedersetzen
siien? (Rasta) nicht wahr?
sing singen
singl baibl Aloe Vera-Blatt
sinting etwas
sista Schwester
sista Freundin
sistren Schwestern
sit'n Dinge, Sachen
skarpián Skorpion
skeljan Schalotten
skotch bonnet Pfefferschote
skuul Schule
slack liriks zotige Lieder
slackniss Unanständigkeit
slackniss Disziplinlosigkeit
smaal klein, schmal
smaart schlau, gewandt
smaddi jemand
smouk rauchen
sniék Schlange
sörf (oder: sarf) servieren, bedienen
somtaim manchmal
somtaim back vor einiger Zeit
somting etwas
Sondi Sonntag
song Lied
sop'm etwas
so-so nur
so-till bis
spektah Inspektor
spied Geschwindigkeit
spiiech Rede
spiritid spirituell
spliff Marihuana-Zigarette
sporting ausgehen
sporting sich vergnügen
stamina Potenz
stap Stopp, stoppen
stap aufhören, anhalten
stey Aufenthalt
straang stark, kräftig
straang gesund
strak-cha Körper
striiet Straße
stuusch hochnäsig
stuusch erstklassig
suun bald
suun ah maarning früh morgens
suun kam bald
su-su Klatsch
swiethart feste Freundin
swiiet süß, reizend
swiiet maud schmeicheln
swiiet sop Frucht
szell Gefängniszelle
szieh sehen
sziesón Saison
sziet Platz, Sitz

T

tá raas! s. Redewendungen
taak sprechen, reden
taak-taak viel reden
taal groß, lang
taal h'er langes Haar
taiád müde
taiád erschöpft
taiáh Reifen
tailet Toilette
taim Zeit
taim Thymian
tait eng, knapp
tarn Strickmütze
tamarind Frucht, feigenähnl.
tanks danke

tapsaid oberhalb
taun Stadt
Taun Kingston
tau-whey abschleppen
tek nehmen
tek ah pickcha knipsen
tek-ker Pass auf Dich auf!
tek-whey wegnehmen
tell erzählen
ti Tee
tidey heute
tiéla Schneiderin
tiicha Lehrerin
tiiech lehren
tiief stehlen
tiiet Zahn, Zähne
tink denken
totsch berühren, anfassen
trabbl Schwierigkeiten
trabbl Ärger
treysz fluchen, schimpfen
treyszing match Wortgefechte
tri drei
trie Baum
trock Lastwagen
tru weil, infolge von
tru wahr, richtig
tru dat deshalb, deswegen
truut Wahrheit
tu zu
tu taim zweimal
tumarroh morgen
turgaid Fremdenführer
turis Tourist
tu-gedda zusammen
tu-gedda beisammen
tu-motsch zu viel
twang Akzent

U V

uman Frau
unu Ihr (Plural)
vailenz Gewalt
vex ärgern
visitah Besucher

W

waak gehen, laufen
waak Fußmarsch
waan wollen
waif Ehefrau
well gut
wellkom willkommen
wet feucht, nass
wet nässen
weytah Kellner
weytriss Kellnerin
whá wie, was
whá mek warum
whai warum
whatah Wasser
whé wo
whey das (Relativpron.)
whey wer
whey-back vor ewiger Zeit
whé-paart wo
wi wir
wickid bösartig
wickidness Bösartigkeit
wid mit
widautn ohne
wiek Woche
witsch Hexe
wi' werden
woan ein, -e, -er, -es
woan taim einmal
woans-a-taim damals
work Arbeit, arbeiten
wosch Limonade
wosch Wäsche
wotliss nutzlos
wuda würden
wuda haffi müssten
wudn würden nicht
wuud karwing Holzschnitzerei

Z

zigarett Zigarette

Kauderwelsch „Slang"

Die Sprache des Alltags – ohne Wenn und Aber!

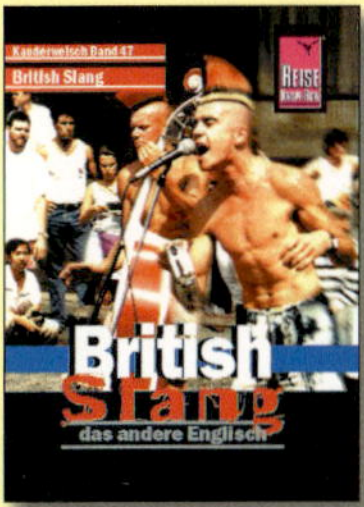

V. Sierra-Naughton
British Slang – das andere Englisch
ISBN 978-3-89416-037-3

Manfred Malzahn
Scots – die Sprache der Schotten
ISBN 978-3-89416-277-5

Hermann Kayser
Französisch Slang – das andere Französisch
ISBN 978-3-89416-017-9

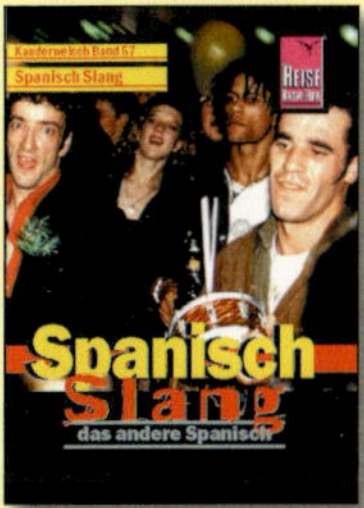

H. J. Fründt
Spanisch Slang – das andere Spanisch
ISBN 978-3-89416-247-3

Elke Walter
Irish Slang – echt irisches Englisch
ISBN 978-3-89416-479-9

Elfi Gilissen
Niederländisch Slang – die Sprache der Käsköppe
ISBN 978-3-89416-461-1

www.reise-know-how.de

Patois lernen ohne Stress!
Der Kauderwelsch AusspracheTrainer macht die wichtigsten Sätze und Redewendungen aus dem Konversationsteil dieses Kauderwelsch-Buches (gekennzeichnet mit 👂) auf Audio-CD hörbar.
Aufbau des Kauderwelsch AusspracheTrainers:
● zuerst wird der deutsche Satz gesprochen,
● dann die Übersetzung auf Patois.
● Darauf folgt eine Sprechpause, in der der Patois-Satz nachgesprochen und geübt werden kann.
● Zur Kontrolle folgt abschließend noch einmal der Satz auf Patois.
● € 7,90 [D]
● ISBN 978-3-8317-6047-3
www.reise-know-how.de

Die Autorin

Annette Kühnel: 1979 bis 1986 Studium der Ethnologie, seit 1981 mehrere Reisen nach Jamaika, davon vier Monate zur Materialsammlung für Magisterarbeit (über Religion und Magie) an der *University of the West Indies* in Kingston. Von Dezember 1988 bis Januar 1990 Aufenthalt in Jamaika, Forschung über Zusammenhang von Tourismus und kultureller Identität, Tätigkeit als Reiseführerin.

Ihre Motivation für Erstellung des Sprachführers: Die Schwierigkeiten zu lindern, die besonders Reisende, die zum ersten Mal nach Jamaika kommen, zwangsläufig mit der Sprache haben. Zudem lautete die Antwort von sehr vielen JamaikanerInnen auf die Frage während meiner Forschung „Was sollten Touristen von Jamaikanern lernen?“ häufig: „Etwas Patwah!“ oder „Unsere Sprache!“